KB207198

개똥
세개

이 도서의 국립중앙도서관 출판시도서목록(CIP)은
서지정보유통지원시스템 홈페이지(http://seoji.nl.go.kr)와
국가자료공동목록시스템(http://www.nl.go.kr/kolisnet)에서
이용하실 수 있습니다.
(CIP제어번호 : CIP2013012413)

개 똥
세 개

십 대에게 보내는 9인 9색 멘토링 에세이

강수돌 고병헌 김명곤 박병상 박상률 안건모 안은미 이정범 홍세화

북멘토

—추천의 글 | 김보일

변화를 바라는 젊은 마음들에게

영화 〈이보다 더 좋을 순 없다〉에 나오는 주인공 멜빈(잭 니콜슨)은 뒤틀리고 냉소적인 성격의 사내입니다. 식당에 가면 언제나 똑같은 테이블에 앉고 자신이 집에서 가져온 포크와 나이프로 식사를 하지요. 그는 아주 괴팍한 성격의 소유자입니다. 한마디로 정나미가 떨어지는 인물이지요. 그런 멜빈은 단골 레스토랑에서 일하는 여종업원인 캐롤(헬렌 헌트)에게만은 사랑을 느끼게 되죠. 자신에게 늘 따뜻한 관심을 보여 주기 때문입니다. 어느 날 멜빈은 캐롤에게 이렇게 말합니다.

You make me want to be a better man!

(당신은 나로 하여금 더 좋은 남자가 되고 싶게 만들어!)

저는 이렇게 아름다운 사랑 고백을 들어 본 적이 없습니다. 지금까지 내가 어떻게 살아왔건, 내가 어떤 사람이건, 당신이라는 사람을 만나 나는 더 좋은 사람으로 거듭 태어나고 싶습니다. 이건 엄청난 사랑의 고백입니다. 당신은 내 삶의 물줄기를 변화시킨 대단한 사람이라는 찬사이기도 하겠구요. 당신과 새로운 삶을 살아 보고 싶다는 강력한 구애의 표현일 수도 있겠지요.

캐롤과 같은 사람이 바로 삶의 멘토가 아닐까요. 설령 타인들이 나를 하찮게 볼지라도, 나의 가치를 소중하게 생각해 줄 수 있는 사람, 나를 더 나은 존재로 거듭나게 해 줄 수 있는 사람, 바로 그가 나의 삶을 변화시킬 멘토겠죠. 하찮은 나에게서 무한한 변화의 가능성을 이끌어 낼 수 있는 사람 말입니다. 나를 과거 속에 묶어 두는 사람이 아니라 미래의 사람, 가능성의 사람으로 거듭나게 해 줄 수 있는 존재 말입니다. 은촛대를 훔친 범죄자인 장발장을 죄에 묶인 과거의 사람이 아니라 사랑을 실천하는 미래의 사람으로 만든 미리엘 주교 같은 분이야말로 진정한 삶의 멘토가 아닐까요.

그를 만난 이후로 나의 삶이 바뀌기 시작했다면 그가 바로 내 삶의 멘토입니다. 그런 점에서 하나의 풍경 또한 삶의 멘토라고 하지 않을 수 없습니다. 2천 미터 높이에 달하는 지리산 천왕봉 근처에서 밤을 맞으며 보았던 무수한 별들이 나의 마음을 송두리째 빼앗아 갔고, 그날 이후로 나의 마음이 온통 밤하늘로 기울어졌다면 그 밤의 별들이 나의 멘토라고 할 수 있겠죠.

한 권의 책 또한 한 사람을 다른 세계로 이끌어 줍니다. 터키의 소설가 오르한 파묵의 『새로운 인생』은 이렇게 시작합니다. "어느 날 한 권의 책을 읽었다. 그리고 나의 인생은 송두리째 바뀌었다." 한 권의 책은 한 사람의 생의 물길을 전혀 예기치 않은 방향으로 돌리게도 합니다. 이 글을 쓰는 저만 해도 헤르만 헤세라는 독일 작가의 소설책들을 만나지 않았더라면 감히 문학을 전공하겠다고 나서지도 않았을 것이고, 재미로 읽기 시작한 생태학 책들이 없었다면 감히 『다윈의 동물원』이라는 책을 쓸 엄두도 내지 못했을 것입니다.

고등학교 때, TV에서 방영된 〈자전거 도둑〉이란 영화를 본 적이 있습니다. 마땅한 직업이 없는 안토니오 리치는 가족이 덮고 자는 이불을 전당포에 맡기고 찾아온 자전거를 타고 영화 포스터 붙이는 일을 구합니다. 그러나 일을 시작하자마자 누군가 자전거를 훔쳐 가고, 그는 어린 아들과 함께 자전거를 찾기 위해 시내를 헤매고 다닙니다. 가난에 쫓긴 아버지는 결국 자전거를 찾지 못하고 남의 자전거를 훔치게 되죠. 이 사실을 알게 된 아들의 눈에서 눈물이 흘러내릴 때, 저 또한 펑펑 울었던 기억이 지금도 새롭습니다. 그런데 그때 저와 같이 영화를 보던 아버지께서도 펑펑 눈물을 쏟아 내시는 것이었습니다. 아버지에게도 눈물이 있다는 사실을 전 그 영화를 보면서 처음 알게 되었습니다. 항상 무뚝뚝하기만 했던 아버지였으니까요. 눈물이라곤 한 방울도 내비치지 않을 것만 같은 아버지가 어깨를 들먹이며 우는 모습을 보면서 새삼 영화의 위력을 실감할 수 있었습니다.

그 후 잡지에서 이장호 감독이 자신을 영화감독으로 이끌어 준 한 편의 영화로 비토리오 데시카 감독의 〈자전거 도둑〉을 꼽는 것을 본 적이 있습니다. 아버지에게 눈물을 이끌어 냈던 영화가 한 사람의 생을 바꾼 것이죠.

고등학교 때, 한 장 한 장 모든 페이지를 탐닉하고 싶었던 조니 하트의 만화 『원시인 B.C』. 너무 재미있어 책의 네 귀가 닳도록 보고 또 본 책이죠. 그런데 언젠가 신문지상에서 『고인돌』로 유명한 박수동이란 분이 자신을 만화가로 이끈 책으로 조니 하트의 『원시인 B.C』를 꼽더군요.

이렇게 한 편의 영화, 한 편의 책이 나의 마음을 움직이고 나를 변화의 한가운데에 서게 하지요. 나의 마음을 흔들고, 나의 전신을 흔들어서, 나로 하여금 또 다른 삶을 살게 만드는 힘을 가진 존재가 바로 우리 삶의 멘토가 아닐까요. 다른 삶을 가능하게 만들어 주는 존재 말입니다.

멘토는 만나고 싶다고 뜻대로 만나지지 않습니다. 어쩌면 멘토는 우연히 부딪히는 존재인지도 모릅니다. 전혀 기대하지 않았는데 나타난 뜻밖의 풍경에 넋을 잃기도 하고, 어떤 집의 창에서 우연히 흘러나온 음악에 우리의 영혼을 송두리째 빼앗길 수도 있고, 기대하고 보지 않았던 영화나 책에서 커다란 감동을 느낄 수도 있습니다. 평범하다고 생각했던 친구를 '이 친구에게도 이런 모습이 있었나' 새삼스런 시각으로 바라보게도 되지요. 문제는 사물과 존재를 보고 느끼고, 내 마음속으로 깊이 불러들이고 맞이할 수 있는 마음의 준비가 되어 있냐는 것입니다.

여러분은 과연 그런 준비가 되어 있을까요. 혹시

인터넷에, 게임에, 스마트폰에, SNS에 온통 마음을 빼앗기고 있는 것은 아닐까요. 산길을 걷고, 밤의 하늘을 바라보고, 한 권의 책을 가슴으로 읽기보다는 정신없이 전개되는 모니터 속의 황홀경이나 앙증맞은 캐릭터 속에 더 많은 시간을 빼앗기고 있는 것은 아닐까요. 우리 삶의 멘토는 온라인 속에 있지 않고 오프라인 속에 있고, 디지털 속에 있지 않고 아날로그 속에 있는데 말입니다. 수많은 친구들이 내 문 앞에서 나를 기다리고 있는데도 나는 디지털 속에서 친구의 수를 늘리는 데 골몰하고 있는 것은 아닐까요.

만남은 하나의 사건입니다. 하나의 별이 또 다른 별과 만나는 일종의 우주적인 사건이지요. 누구보다도 열심히 살고 있고, 누구보다도 치열하게 올바른 삶을 모색하고 계신 아홉 분들의 삶의 자취를 담은 『개똥 세 개』는 우리가 어떤 삶을 내 안으로 불러들여야 할지를 보여 주는 책입니다. 책의 이름은 한없이 낮고 순박하지만 이 책은 우리의 삶을 변화시키라고 조용히 말합니다. 희망은 변화의 또 다른 이름입니다. 우리가 배우고 익히는 것은 변화를 믿기 때문이고, 변화의 가능성을 믿는 것은 우리가 우리의 삶을 사랑하기 때문입니다. 이 책이 여러분의 가슴으로 읽히기를 진심으로 바랍니다. □

배문고등학교 국어교사. 저서 『14살 인생 멘토』, 『다윈의 동물원』, 『14살 철학소년』, 『한국의 교양을 읽는다』 외 다수.

차례

강수돌

1997년부터 고려대학교 세종캠퍼스에서 경영학을 가르치고 있습니다. '돈의 경영'이 아닌 '삶의 경영'을 연구하고 실천하는 일에 힘쓰고 있지요. 학교 근처 귀틀집에서 텃밭을 일구며 자연과 더불어 아이들을 키웠고, 5년 동안 마을 이장을 하면서 마을 공동체 일에도 큰 관심을 기울였습니다. 지은 책으로 『팔꿈치 사회』, 『노동을 보는 눈』, 『자본을 넘어, 노동을 넘어』, 『이장이 된 교수, 전원일기를 쓰다』, 『나부터 마을 혁명』, 『나부터 교육 혁명』, 『살림의 경제학』, 『지구를 구하는 경제책』 등이 있습니다.

내 인생의 세 등불

"중요한 것은 자기 행복과 더불어 늘 사회 행복을 추구하는 것이다. 그래야 그 '꿈'도 비로소 완성된다. 왜냐하면 우리는 모두 '공동체적 개인'이니까. 나의 행복과 사회의 행복이 일치하는 삶, 나 자신의 자유로움도 중요하지만 사회 전체의 공동선도 중요시하는 삶, 이게 진짜 '하늘의 뜻'이 아닐까?"

—강수돌

내 인생의 멘토는?

기원전 5~6세기 중국 노나라 시대의 철학자로 일흔두 살까지 살았던 공자는 이렇게 말했다.

"마흔이 되어서는 유혹에 흔들리지 않았고(불혹不惑), 쉰이 되어서는 하늘의 뜻을 알았고(지천명知天命), 예순이 되어선 어떤 말을 들어도 마음에 와 닿았고(이순耳順), 일흔이 돼서는 하고 싶은 대로 해도 도리에 어긋나지 않았다(종심소욕불유구從心所欲不踰矩)."

이제 내 나이 쉰을 넘어 과연 '하늘의 뜻'을 잘 아는지 모르겠지만, 지금까지 내 삶을 형성하는 데 도움을 준 멘토를 꼽아 보자니 한두 줄로 정리되지 않는다. 굳이 가장 중요한 멘토를 꼽자면, 선생님, 책, 그리고 현실 자체다. 초등 3학년 때 선생님이 "수돌이는 어쩌면 이렇게 글씨를 또박또박 잘 쓰니?"라고 칭찬을 하셨는데, 그다음부터 나는 선생님이 칠판에 쓰시는 것을 모두 따라 적기 시작했다. 칭찬은 고래도 춤추게 한다지 않던가? 대학을 가서는 에리히 프롬의 『소유냐 존재냐』라는 책을 읽으며 어떻게 사는 것이 가장 올바른 삶일까 하는 문제로 고뇌했고, 독일로 유학 가서 만난 홀거 하이데 교수는 노동과 경제, 사회와 인간을 통합적으로 보는 눈을 길러 주었다. 그리고 아이를 키우면서 직면한 교육 현실, 또 내가 학문적으로 고민하는 노동 현실 및 기업 현실은 나의 이론과 실천에 좋은 멘토가 되고 있다. 이렇게 수많은 멘토들이 내 삶을 개척하는 데 좋은 등불이 되어 주었기에 오늘의 '나'가 존재하게 된 것이라 본다. 이

모든 게 다 하늘의 뜻인가? 한편으로, 나는 내 개인의 삶만이 아니라 온 사회가 나아가는 데 있어서도 '하늘의 뜻'을 알고 갔으면 한다. 내가 생각하는 하늘의 뜻이란 순리를 거스르지 않는 것, 자연스럽게 사는 것, 마음 깊은 곳에서 우러나는 느낌에 충실하게 사는 것이다.

우리는 대개 생존을 위해 돈과 권력을 많이 차지할

수록 좋다고 생각하지만 그것은 너무나 피상적이고 헛된 삶을 낳을 뿐이다. 조금 시야가 넓어졌다 싶으면 우리는 사회 구조와 제도가 문제라고 하며 일련의 개혁 프로그램에 매달린다. 중요한 측면이다. 그러나 이것 또한 과연 어떤 '원리' 위의 제도나 구조인가라는 면에서 좀 더 깊은 성찰이 필요하다. 그래서 가장 깊이 있는 생각이나 실천은 결국, 모든 사물의 근본 원리를 찾아 그 옳고 그름을 따져 참된 것을 추구하는 일이다. 이것이 진리 탐구다.

공자가 우리에게 가르쳐 준 것이 이런 참된 원리를 찾는 것이라 한다면, 대학은 바로 그 참된 원리나 참된 이치, 즉 진리 탐구를 체계적으로 세우는 공간이다. 그러나 불행히도 오늘날 대학은 갈수록 돈벌이 기업처럼 변해 가고 진리 탐구보다는 취업 준비를 위한 기관으로 뒤틀리고 있다. 지금부터라도 진리 탐구라는 본래의 사명을 되찾아야 한다. 나도 진리 탐구를 하는 학자의 한 사람으로서, 시간이 갈수록 참된 이치, 즉 진리를 찾는 것이 얼마나 소중한 것인지 생각하게 된다. 물론 대학은 상아탑 속에서 참된 이치를 이론적으로만 논해선 안 된다. 그것을 실천적으로 구현하는 일에도 힘써야 하기 때문이다. 그래서 대학은 비판적 지성을 연마하고 사회적 실천을 하는 데 있어 일관된 등불 역할을 해야 한다. 특히 사회가 건강하게 발전하지 못하고 돈이나 권력에 휘둘릴 때, 사회적 불평등이나 경제적 탐욕, 생태적 파괴 따위에 신음할 때, 대학은 온 사회에 건전한 멘토 역할을 해내야 한다. 그것이 대학의 존재 이유이다.

이것이 참된 대학의 모습이라 생각하는 한 사람으로서, 나는 지금까지 내 삶에 등불 역할을 해 준 멘토들을 하나씩 정리하려 한다. 오늘날 청소년이건 어른이건 자기 삶의 중심을 바로 세우는 데 어떤 멘토를 만나느냐가 결정적 역할을 하기 때문이다. 흔히 친구를 잘 만나는 게 중요하다고 하는데, 친구도 중요하지만 멘토 역시 중요하다. 친구는 현재의 삶에 더 중요하지만, 멘토는 미래의 삶에 더 결정적이다. 그러나 보다 중요한 것은 멘토 그 자체가 아니라 멘토와 자신의 상호 관계인 듯하다. 왜냐하면 결국 인생의 주인공은 바로 자기 자신이기 때문이다. 나와 멘토 사이의 끊임없는 대화와 교감, 그 속에서 자기중심을 하나씩 바로 세우고 자기 인생의 설계도를 그려 나가며 마침내 현실로 만들어 내는 것, 바로 그것이 우리 인생의 참 모습이 아닌가.

선생님은 제2의 부모님 좋은 선생님을 만나는 것은 인생에 있어 정말 큰 행운이다. 초등 3학년 때 만난 선생님은 '글씨를 참 잘 쓴다!'는 작은 칭찬을 통해 나도 몰랐던 잠재력을 일깨워 주었다. 그때부터 공부가 재미있다는 것을 어렴풋이 알게 되었다. (그러나 당시는 솔직히, 공부 자체보다 칭찬이 좋았던 것 같다.) 공부 시간에 선생님 설명을 잘 듣기만 하면, 또 숙제만 꼬박꼬박 잘하면 시험 같은 것은 아무 걱정이 안 되었다. 특히 내가 하루도 빠지지 않고 썼던 일기장은 1960년대 말부터

1970년대까지의 나의 모습을 잘 드러내는 것이었다. (그 소중한 일기장이 안타깝게도 나중에 이사를 하면서 모두 사라졌다.) 여름방학과 겨울방학이 끝나고 방학 과제물로 제출한 일기장 뭉치는 때마다 상을 받게 해 주었다. 술을 너무 좋아해 가정에 소홀했던 아버지와 썰렁한 가정 분위기 속에서 아마도 나는 '조건 없는 사랑'을 충분히 받지 못했던 것 같다. (그나마 어머니의 따뜻한 사랑은 이 세상 무엇과도 견줄 수 없는 내 삶의 원천적 에너지가 되었다.) 그러다 학교에서 만난 선생님의 따뜻한 말씀과 격려는 나를 춤추게 했다. 그래서 나는 오늘도 '선생님은 제2의 부모님'이라 생각한다.

중학교 때 선생님 한 분도 내 인생의 갈림길에서 좋은 등불이 되었다. 내가 집안 형편상 국가 장학금을 주는 '금오공고'에 지원을 하고 싶다고 하자 그 선생님은 "미친놈, 아무 생각 말고 마산고 준비나 잘해라"라고 하셨다. 당시 마산고는 인문계의 지방 명문이었다. 반면, 금오공고는 국가 경제에 필요한 기술자를 양성하는 곳인데 전부 장학생이라 등록금이 필요 없고 나중에 취업도 백 퍼센트 된다는 매력이 있었다. 그런데 선생님은 나더러 그 좋은 기회를 아예 생각지도 말라는 게 아닌가? 처음엔 서운했다. 그런데 나중에 마산고 입시를 전후해 도서출판 학원사가 주최하는 학원장학생 선발 공고가 났다. 중3 때 선발해서 고교 3년, 대학 4년 전 과정을 지원하는 것이었다. 나는 그 선생님 덕에 인문계 진학을 하게 되었고 학원장학생이 되었다. 대학 등록금 걱정 없이 공부를 하게 되었다. 지금도 나는 학원장학회를 만드신 김익달 선생께 무한한 감사를 느낀다. 1985년 초로 기억한다. 그분이 말기 암 투병 중일 때 찾아뵈었다. "친구들은 해방 후에 북으로 많이 넘어갔지만, 나는 여기서 남아 출판 사업으로 농민을 키우고 청년을 키워, 좋은 일꾼을 길러야 한다고 생각했다"는 취지의 말씀을 하셨다. 감동이었다. 그냥 사업을 하고 이미지 홍보를 위해 장학금을 주는 것이 아니라 깊은 뜻을 가진 분임을 알게 되었다. 아마도 학원장학회는 내 인생에 결정적 영향을 준 멘토 중의 멘토일 것이다.

마산고를 졸업한 뒤 대학 본고사에 낙방했다. 정말 쓰라렸다. 그 순간에도 학원장학회 선배님들이 도움을 주셨다. 격동의 1980년 한 해, 재수하는 동안 나는 박원선 선생님의 가족이 되었다. 캄캄하던 하늘이 맑게 개는 기분이었다. 맹아학교 교사이던 선배님과 사모님은 '촌놈'인 나를 친아들처럼 보살폈다. 4년 뒤, 내가 대학을 졸업할 무렵 진로 문제를 고민할 때 선배님이자 선생님께서 이런 말씀을 하셨다.

"취업을 해서 부모님을 어서 돕고 싶은 효심은 알겠지만, '산 입에 거미줄 치지 않는 법'이니 자네가 원하는 대학원 진학을 하는 게 더 낫지 않겠나?"

사실 나는, 당시의 시대적 상황 속에서 데모 주동자로 나서지도, 학적을 포기하고 공장 운동가로 나서지도 못하고 학문의 길을 걷겠다 마음먹었지만, 부모님 걱정에 우왕좌왕하던 중이었다. 그 순간 박 선생님의 말씀은 내게 좋은 등불이 되어 마음 편하게 학문의 길을 걷게 했다. 고마운 일이다.

그렇게 학문의 길을 가던 중 독일 유학을 꿈꾸었

다. 하루만 꿈꾸면 꿈으로 남지만 매일 꿈꾸면 현실이 된다. 그사이에 결혼을 하고 군 복무를 하면서도 유학의 꿈은 놓지 않았다. 마침내 독일 유학을 떠났다. 이 도시 저 도시를 오가며 좋은 선생님을 찾던 중 북독일의 브레멘으로 가게 되었다. 그곳에서 홀거 하이데 교수를 만난 것은 또 하나의 행운이었다. 선생님은 원래 경제학을 공부했으나 갈수록 공부 범위가 넓어져 노동 문제, 세계 경제, 인간 행동 전반에 대해 연구를 하고 있었으며 특히 한국의 노사관계에 관심이 많았다. 나의 관심사랑 맞아떨어졌다. 더구나 선생은 집에 가면 농부가 되었다. 양도 키우고 사과나 무도 가꾸는 준 농부였다. 그리고 세계 곳곳의 민중운동과 연대하는 모임에도 적극 참여했다. 나는 선생의 '언행일치'를 보고 깊은 감명을 받았다. 내가 귀국 뒤에 기꺼이 시골로 가게 된 것, 풀뿌리 관점으로 현실을 보는 것, 죽은 이론보다 산 실천을 중시하는 것, 아이를 대안적으로 키운 것, 생태적 삶을 지향하는 것 따위는 모두 선생의 영향이다.

이렇게 많은 선생님들이 내 인생의 고비마다 좋은 등불이 되고 멘토가 되어 오늘의 나를 키웠다. 그래서 다시 말한다. 좋은 선생님은 제2의 부모님이라고.

국경과 시대를 초월한 멘토, 책

지금도 나는 "당신의 인생에 길이 남을 책 한 권을 꼽아 보라"고 하면 단연코 독일의 철학자 에리히 프롬의 『소유냐 존재냐』를 꼽는다. 이 책은 이십 대 초반에 철이 들기 시작하면서 인생을 본격 고민할 때 '어떻게 살 것인가?'란 문제에 대한 해답을 주었다. 그리고 쉰이 넘은 지금까지 나의 생각과 실천, 삶과 학문 전반에 걸쳐 좋은 등대가 되고 있다.

프롬에 따르면 우리가 삶을 살아가는 방식에는 크게 두 종류가 있다. 하나는 소유 양식이고 다른 하나는 존재 양식이다. 소유 양식이란 오로지 뭔가를 더 많이 가지려고 애쓰면서 사는 삶이고, 존재 양식이란 내가 살아 있다는 그 자체, 그리고 타자와 좋은 관계를 맺으면서 사는 데에 삶의 의미를 두는 것이다. 오늘날 대부분의 사람들은 돈과 권력, 명예와 이미지 같은 것을 더 많이 쌓으려 한다. 실제로는 그러한 소유 대상이 제한되어 있거나 소수에게 독점되는 경향이 있지만, 우리는 마치 모두가 그럴 수 있는 것처럼 착각하고 '무한 경쟁'에 뛰어든다. 게다가 우리는 대개 소유를 많이 할수록 더 자유로워진다고 생각한다. 일반적인 우리의 가치관도 더 많은 소유나 더 많은 소비를 할 수 있다면 행복해질 수 있을 것이라는 믿음에 기초해 있다. 그러나 역설적이게도 우리는 뭔가를 소유할수록 그 소유 대상물에 집착하고 얽매이고 의존적으로 되며 마침내 종속된다. 소유로 말미암아 자유를 더 많이 누리기보다는 우리 스스로 그 소유물의 노예로 전락하는 셈이다.

따라서 우리는 소유 양식과는 전혀 다른 원리 위에 살아가야 한다. 그것이 바로 존재 양식이다. 내가 살아 있다는 그 자체를 고마워하며 사는 것, 타자와 우호적인 관계를 맺고 서로 사랑하고 협동하며 사는 것, 더 많은 소유를 통해 더 강자가 되기 위해 노력하는 것이 아니라 더 많이 삶을 음미하고 더 많이 나누며 사는 것이 바로 존재 양식의 삶이다. 그러니 당연하게도 소유 양식의 삶보다 존재 양식의 삶이 몇 차원 높은 것이다. 그리고 바로 이런 삶이야말로 내가 당시 고민하던 문제, "어떻게 살아야 올바로 사는 것인가?"라는 화두에 대한 대안의 실마리였다. 물론 그렇다고 거지처럼 살자거나 헐벗고 굶주리자는 것은 아니다. 내가 필요한 만큼 갖거나 쓰는 것, 나의 더 많은 소유를 위해 타자를 희생시키기 않는 것, 충분함을 아는 것, 내 내면의 느낌이나 본심에 충실한 것 등이 가능하려면 당연히 어느 정도의 소유는 전제되어야 한다. 그러나 소유욕에 빠져 한평생 더 많은 소유를 추구하거나 소유물에 지나치게 매달리거나 타자를 희생시켜 자기 소유를 더 늘리려 하는 삶은 결국 후회를 낳는다. 후회할 뿐 아니라 온 사회에 해악을 끼친다. 그렇다. 인기를 끌었던 TV 드라마 〈추적자〉나 〈유령〉을 보라. 교통사고를 내고도 이를 감추기 위해 숱한 사람을 괴롭히는 부자와 권력자 들, 인기 연예인을 성적 노리개로 삼다가 함부로 죽이고도 이를 감추려고 온갖 비리를 저지르는 부자와 권력자 들을……. 물론 좋은 일을 하는 부자와 권력자도 많다. 그리고 나는 현재의 부자와 권력자 들이 좋은 일을 더 많이 하기를 바란다. 하지만 더욱 바람직한 사회는 아예 부자나 권력자가 되기보다는 인간답게 사는 사회, 부자나 권력자가 무대 뒤에서 상식 이하의 짓을 하지 못하는 사회, 다시 말해 빈부 격차나 권위적 독재 대신에 민주주의와 사회경제 정의가 꽃피는 사회일 것이다. 이런 것이 존재 양식의 삶이고 존재 양식의 사회다.

이렇듯 '소유냐 존재냐'라는 질문과의 만남은 나의 삶을 새로운 길로 안내했다. 나는 학자가 되더라도 돈이나 권력, 명예에 목숨 걸기보다 진실과 진리, 그리고 사회적 행복 추구에 평생을 바치기로 마음먹었다. 나는 1994년 여름, 독일에서 박사 학위를 받고 귀국하는 비행기 안에서 "더 겸손해져야 한다" 그리고 "내가 배운 것을 삶으로 실천해야 한다"는 결심을 했다. 이런 결심도 결국은 '소유냐 존재냐'라는 근본적인 고뇌가 밑거름이 되었을 것이다.

물론, 내 인생에 큰 영향을 준 책은 이것 말고도 숱하게 많다. 하지만 하나만 더 꼽으라 하면 나는 단연코 『녹색평론』을 꼽는다. 이 책은 김종철 선생이 '생태적 감수성'을 일깨우려고 1991년 말부터 만든 격월간지다. 그 창간호 서문엔 "우리에게 희망이 있는가? 지금부터 20년이나 30년쯤 후에 이 세상에 살아남아 있기를 바라는 사람이 과연 몇이나 될 것인가?"라고 묻고 있다. 역설적으로, 우리가 직면한 현실에 대해 근본적으로 따져 가면서 철저한 비관과 절망 속에 가느다란 희망의 빛을 이야기하는 책이 바로 『녹색평론』이다. 그래서 나는 1990년대 이후의 한국 사회를 보면서 한탄을 하다가도 일단 『녹색평론』만 들추면 희망의 기운이 샘솟는 것을 느낀다. 내가 갈구하던 근본적 문제의식이나 근본적 삶의 성찰이 있기 때문이다. 어떤 면에서는 에리히 프롬의 '존재 양식'의 삶을 『녹색평론』이 적극 추구한다고 하겠다. 세상에 대한 회의감이 문득 들 때, 내 삶을 다시금 다잡아 주는 책, 국경이나 시대를 초월하여 올바른 삶을 찾도록 등대가 되어 주는 책, 이것이 정말 고마운 또 다른 멘토가 아닌가?

제3의 멘토, 현실

'선생님', '책'과 더불어 내 인생에 등대가 된 제3의 멘토는 현실이다. 현실 그 자체가 멘토가 된다는 것은 좀 이상하기도 하다. 대개는 현실은 주어진 것으로만 받아들인 채, 그 속에서 성공하고 출세하는 것을 삶의 목표로 삼은 뒤 그 성공이나 출세에 큰 도움을 준 존재를 멘토라 생각하기 쉽다. 그러나 사실 멘토링이란 자기의 외부가 아닌 자기의 내면에서 이루어지는 것인지도 모른다. 나의 현실은 짐짓 태연하게 어려운 숙제를 내 놓고 '어떻게 살 것인가?'라는 화두를 던지곤 했다.

우선, 내가 어릴 적에 고향 마을에서 자라난 환경이나 부모의 현실은 '가난'으로 특징지어졌다. 초등학교 졸업 무렵 중학교 무시험 추첨을 했을 때 마산에서 창원까지 버스를 타고 통학해야 하는 학교에 배정이 되자, 어머니는 "집에서 가까운 중학교를 놔두고 왜 차비 드는 데로 가야 하노?"라고 하며 "중학교 가지 마라!"고 하셨다. 그때 어머니와 나는 장작을 때던 아궁이 앞에서 같이 엉엉 울었다. 손바닥만 한 밭에서 농사지은 채소를 팔아 내 차비를 대 주신 어머니와 우리 집 형편을 생각하며 나는 매일 작은 주먹을 쥐고 이를 악물었다. 어머니의 은혜를 꼭 갚아야겠다는 결심이었다.

다음으로 내가 직면한 현실은 '빈부 격차'였다. 1980년 재수 생활을 하느라 서울 생활을 시작했을 때 나는 역설적으로 서울에서 고향을 보게 되었다. 고향 마산에서 자랄 때만 해도 '두루 가난'했기 때문에 상대적 박탈감이나 빈부 격차를 잘 몰랐다. 그러나 서울 생활을 하면서 경험한 중산층 이상의 가정들, 그리고 당시 방영한 드라마 〈달동네〉 등이 모두 '빈익빈 부익부'의 현실을 깨닫게 했다. 동시에 나는 이 잘못된 사회 구조의 원인을 파헤치고 이를 해결하는 데 일조하면서 사는 것이 올바른 삶이란 가치관을 갖게 되었다.

나아가 나는 한국 사회 전체, 아니 세계 전체를 놓고 보았을 때, 단순한 빈부 격차를 넘어 '사회 불평등'이 근본적인 문제라 느끼게 되었다. 사회 전체적으로는 한 줌의 부자들이 나라를 좌우하는 현실, 세계 전체적으로는 한 줌의 강대국이나 독점 기업 들이 세상을 좌우하는 현실을 바꾸어야 건강한 세상이 됨을 알게 되었다.

그리고 나중에 아이 셋을 키우면서 직면한 교육 현실은 나로 하여금 학문의 방향은 물론 아이와 어떤 관계를 맺어야 할지 가르쳐 주는 등불이었다. 100점과 1등이라는 강박적 기준, 어쩌면 나 자신도 그 프레임 속에서 컸지만, 그리하여 일정한 성취를 이뤘지만 그게 다가 아니란 사실, 그건 극소수에게만 해당한다는 진실, 이런 것이 나를 더 올바로 살도록 이끈다.

결국, 내 눈앞에 펼쳐진 현실은 적응해야 하는 대상인 것만은 아니었다. 변화해야 하는 현실도 있었다. 무엇이 잘못되었으며, 사태가 어떻게 꼬여 있는지, 그래서 어떻게 고쳐야 바른 것인지, 바로 이런 것을 연구(진리 탐구)하는 곳이 대학이라는 것도 깨달았다. 그러나 내가 경험한 대학조차 적응해야 할 현실이기보다는 변화해야 할 현실이었다. 많은 교수들도 진리, 정의, 자유를 추구하기보다 돈과 권력의 맛에 물들어 있었다. 그런 잘못된 모습조차 내게 '반면교사'가 되었다. 내가 학자가 된다면 저렇게 하지 말아야지라고 가르쳐 준 셈이다.

지금도 우리가 직면한 현실은 만만치 않다. 무한 경쟁, 신자유주의 세계화, 정당 정치의 한계, 자본과 권력의 유착, 바닥을 향한 경주, 왕따와 폭력, 입시 지옥, 정리해고와 구조조정, 노동자 탄압, 뇌물과 부정부패, 농촌 황폐화, 도시 재개발의 모순, 아파트 공화국, 투기와 거품의 경제, 석유 정점과 자원고갈, 기후 변화와 에너지 위기, 식량 대란과 가축 학살 등등. 그러나 늘 문제투성이로 드러나는 현실을 표층이 아니라 심층으로 보는 눈을 기르면서 오히려 이런 현실이야말로 내 인생을 담금질하는 제3의 멘토라 느낀다.

일류대학이나 일류직장보다 중요한 것은?

불행하게도 대부분 한국인들은 얼렁뚱땅 어른이 되고 얼렁뚱땅 결혼을 하고 얼렁뚱땅 아이를 낳아 부모가 된다. 그리고 얼렁뚱땅 학부모가 된 뒤 하는 일이란, 아이들에게 "공부 좀 열심히 해라!"라고 말하는 것이다. 왜냐하면 부모 자신이 학창시절에 공부 때문에 온갖 상처를 입었기 때문이다. 설사 공부를 잘했다 하더라도 공부를 못하면 어떻게 되는지 잘 안다. 결국 사회가 틀 지어 놓은 '사다리 질서'를 당연시하고 그 속에서 상층부로 진입하는 것이

일류 인생
1

인생의 내비게이션이 된다. 그리하여 학생들은 무조건 '일류대학'을 가는 게 자신과 부모에게 좋은 일로, 그다음엔 '일류직장'에 취업하는 것이 인생을 꽃피게 하는 것으로, 그렇게 해서 더 많은 소유와 더 많은 소비로 '행복'을 살 수 있을 것이라 믿는다.

하지만, 이런 식의 인생 내비게이션은 한참 잘못되었다. 일류대학과 일류직장을 인생의 목표로 삼는 한 우리 인생살이는 헛되기 쉽다. 나아가 온 사회를 양극화로, 불평등으로, 황폐화로 치닫게 한다. 따라서 일류대학과 일류직장이 아니라 '일류인생'을 인생 내비게이션으로 삼아야 한다. 그것이 내가 세 종류의 멘토들에게서 결론적으로 배운 것이다.

일류인생은 세 요소로 구성된다. 첫째, 꿈의 발견, 둘째, 실력 배양, 셋째, 사회 헌신이다. 물론 그 과정에서 일류대학이나 일류직장을 슬쩍 거칠 수는 있지만 강박적으로 매달릴 필요는 없다. 중요한 것은 자기 행복과 더불어 늘 사회 행복을 추구하는 것이다. 그래야 그 '꿈'도 비로소 완성된다. 왜냐하면 우리는 모두 '공동체적 개인'이니까. 나의 행복과 사회의 행복이 일치하는 삶, 나 자신의 자유로움도 중요하지만 사회 전체의 공동선도 중요시하는 삶, 이게 진짜 '하늘의 뜻'이 아닐까? □

고병헌

성공회대학교 교양학부 교수로 재직 중입니다. 영국 글래스고대학교(박사과정)와 런던대학교 교육연구소(특별과정)에서 공부하고, 고려대 교육학과에서 박사 학위를 받았습니다. 교육철학, 평화교육, 대안교육, 시민교육, 평생학습 등에 깊은 관심을 가지고 있으며, 특히 저소득층과 사회적 약자를 위한 인문학 강좌를 기획 운영하고 있습니다. 펴낸 책으로 『평화교육사상』, 『간디, 나의 교육철학』(역서), 『희망의 인문학』(공역), 『교사, 대안의 길을 묻다』(공저), 『덴마크 자유교육』(공편저) 등이 있습니다.

열네 살에게 들려주고 싶은
세 가지 이야기

"아무리 힘이 센 장사라도 모든 인간은 총칼 앞에 무력하기 그지없으며, 그 점에서는 킹 목사뿐만 아니라 간디도, 톨스토이도 우리와 다를 바 없는 매우 미약한 존재였다. 그러나 그들의 '꿈'은 총칼을 쥐고 세상을 호령했던 당시의 지배자들과 지배계급, 그리고 그들의 기독권을 무력하게 만들 만큼 강력했다."

―고병헌

이야기를 시작하면서

글을 써 달라는 부탁을 받고 우리 재영(1990년생)이와 재권(1992년생)이가 십 대였을 무렵 어떤 이야기를 했었는지 생각해 봤지만 잘 떠오르지도 않을뿐더러, 그 나이 때 우리 아이들은 "아빠가 반대하면 틀림없다. 그 길로 가자!"라는 삶의 철학을 매우 강하게 가지고 살았던 때라 하고 싶은 이야기가 많아도 눈치 보여서 제대로 하지 못했을 것이라고 생각했다. 그런데 그게 아니었나 보다. 얼마 전 재영이가 "아빠가 그때 하도 간디와 톨스토이 이야기를 해서,

아빠를 이기려고 몰래 간디하고 톨스토이 책을 닥치는 대로 읽어 댔는데, 나중에는 '간'이나 '톨' 자만 봐도 토가 나오더라"라고 했다. 그러니까 동기가 불순해서 그렇지 그 나이 때 내 책 서재에 꽂혀 있는 간디 책과 톨스토이 책을 읽었다는 이야긴데…… 가랑비에 옷 젖는다고 했던가, 우리 아이들의 언행에서 간디나 톨스토이의 생각이 아주 조금씩 묻어나곤 했다.

이런 경험에서 용기를 내, 지금 이 글을 읽는 사람에게 우리 아이들이 십 대이던 시절 자주 들려줬던 세 가지 이야기를 다시 하려고 한다.

첫 번째 이야기 — 인생의 스승은 '만나는 것'이 아니라 '찾는 것'이다

흔히 좋은 스승을 만나야 한다고들 한다. 그런데 과연 그런가? 만약 좋은 스승은 만나는 것이라면 이것은 전적으로 우리의 의지와 노력과는 관계없이 운(행운이든 불행이든)에 달렸다는 뜻일 텐데,

전혀 그렇지가 않다. 스승은 우연히 만나게 되는 것이 아니라 찾는 것이며, 따라서 좋은 스승을 만나기 위해 무엇보다도 어떤 스승을 찾아야 하는지 스스로 분명하게 알고 있어야 한다. 그리고 이를 위해서는 자기의 한 번밖에 없는 삶을 어떻게 살 것인지에 대한 '좋은' 이유 혹은 관점을 갖는 것이 필요하다. 무엇을 위해서 어떻게 살 것인지에 대한 '좋은' 생각이 없이는 결코 '좋은' 스승을 찾을 수가 없기 때문이다. 그러니 자기 인생의 멘토, 즉 좋은 스승을 만나기 위해서는 무엇을 위해서 어떻게 살 것인지를 먼저 질문해야 한다.

한 학생으로부터 이런 질문을 받은 적이 있다.

"선생님, 대학교에서 열심히 공부하면 저도 나중에 행복할 수 있을까요?"

사실 이 질문에 대한 답은 초·중등 단계에서 이미 이루어졌어야 했다. 고등학교를 마지막으로 더 이상 교육기회를 갖지 못한 사람도 그때까지 받은 교육으로부터 자신의 삶을 행복하게 영위할 수 있는 힘을 얻을 수 있어야 말이 맞기 때문이다. 그런데 참으로 이상하게도 고등학교 졸업 때까지 이 질문을 진지하게 해 보았다는 학생을 찾기가 거의 어렵다. 심지어는 교사도 그렇다. 그러면 행복이 뭘까? 불행한 일인지 당연한 일인지는 몰라도 주변을 보면 깊은 행복감에 젖어 사는 사람을 만나기가 쉽지 않다. 자녀의 행복을 위한다는 미명하에 자녀를 '잡는' 부모들, 유치원 때는 초등학교에서의 행복한 삶을 위해서, 초등학교에 와서는 중학교에서의 행복한 삶을 위해서, 중학교에 와서는 고등학교 때를 위해서, 고등학교 때는 독한 마음 먹고 대학 진학을 위해서 3년을 헌납하고, 그렇게 들어간 대학에서는 취직을 위해서, 취직하고선 승진을 위해서…… 이런 식으로 다음 순간의 행복을 위해 기꺼이 지금의 불행을 참고 견디는 수밖에 달리 방도가 없는 우리들……. 진정 행복이 무엇인지 맛본 사람들보다는 오히려 한 번도 손에 쥐어 보지 못한 행복을 '위해서' 불행의 구렁텅이에 빠져 허우적거리는 무리 속에 있다 보니 과연 행복이 진정 무엇인지 알고 말하는 사람이 있을까 싶을 정도다. 그런데 어느 수도자가 행복 크기를 측정하는 다음과 같은 수식을 만들었다.

행복 = 소비 ÷ 욕망

여기서 행복 지수를 높이는 방법은 두 가지가 있는데, 하나는 자기 욕망의 크기가 어떻든 그것을 채우고도 남을 만큼의 소비력을 갖는 것이며, 다른 하나는 보통 사람들의 경우, 소비력을 키우는 데 한계가 있다고 보고, 대신 욕망을 최소화하는 것이다. 세계에서 가장 빈국貧國인 방글라데시 사람들의 행복 지수가 세계에서 가장 높게 나타날 수 있었던 이유를 설명할 수 있는 것은 분명 후자의 방식일 것이다. 그들은 매우 소박하면서도 '자연스러운'(즉, 인공적인 것이 아닌) 욕망, 욕구를 가지고 산다. 그런데 우리는 어떤가? 자기의 욕망이나 욕구가 자연스러운 것인지, 또 건강한 것인지를 따져 보지도 않은 채 눈덩이처럼 커

져만 가는 욕망과 욕구를 충족시키기 위해서 '소비력'을 키우려고 안달하며 살아가는 사람이 참으로 많다. 그 결과, 길거리를 가든, 대중교통을 이용하든 만나는 사람들의 얼굴에 화난 표정, 짜증난 표정, 얼빠진 표정 등이 대부분이다. 우리 청소년들끼리는 어떤가? 사람이 관계를 맺기 위해서는 무엇보다도 눈을 쳐다봐야 하는데, 우리네 학교에서는 눈을 마주치면 큰일 난다. 그래서 늘 힘 센 친구 앞에서는 눈을 '깔아야' 한다. 참으로 사는 게 뭔지, 그리고 공부는 왜 하고 있는 건지 정말 모르겠다.

자, 이런 현실에서 이 글을 읽고 있는 청소년인 나는 어떤 삶을 꿈꾸고 있는가? 물질적 풍요를 통한 행복을 원하는가, 아니면 법정 스님이 보여 주신 '무소유'의 행복을 꿈꾸는가? 여기서 어떤 행복을 추구하는가에 따라서 삶의 길도 두 갈래로 나뉘고, 어느 길을 택하든 그 길을 먼저 걸었던 사람들 중에서 스승을 찾게 될 것이다. 그것이 책이든, 사람이든 말이다.

대학교에서 열심히 공부하면 행복해질 수 있냐고 물었던 그 학생에게 나는 이렇게 대답했다. 공부는 바로 우리 삶과 관련해서 중요한 질문을 할 수 있는 힘, 그리고 그 질문에 답을 할 수 있는 힘을 길러 주는 것인데, 자신의 삶을 걸고 실현하고픈 행복이 무엇인지, 아니 무엇이어야 하는지에 대해서 우선 열심히 공부하라고, 그러면 그 공부하는 과정에서 인생의 참 스승, 멘토를 '찾게' 될 것이고, 그 스승이 걸었던 삶의 길이 내게 여전히 매혹적이고 행복하게 느껴진다면, 그때는 지금 하는 공부가 내 삶을 행복하게 해 주리라는 믿음을 가져도 좋을 것이라고.

두 번째 이야기

경쟁이 아니라 협력이 미래의 핵심 능력이다

얼마 전까지 한동안 우리 사회에서 유행했던 '신지식인'이라는 말을 들어 본 적이 있는가. 그리고 그 말에 이어 '천재 구원론'("능력 있는 한 사람이 십만 명을 먹여 살릴 수 있다")이 유행했는데, 이런 구호들은 경쟁력 있는 인간을 형상화하는 개념으로 평가받으면서 우리 사회에서 매우 강력한 영향력을 행사해 왔으며, 지금도 그 영향력은 여전한 것 같다. 그런데 이 개념들은 역사적으로 찰스 다윈의 '적자생존'과 맞닿아 있다. "가장 비열하고도 가장 경쟁력 있는 이기적인 인간만이 진화의 꼭대기에 올라설 수 있다"는 가설假說을 마치 부인할 수 없는 진실인 것처럼 믿고 있다는 데서 그렇다는 말이다. 그런데 사회학자나 윤리학자도 아닌, 한 무리의 수학자들이, 그것도 20년에 걸쳐 진실로 무엇이 최선의 생존 전략인지를 연구했는데, 콜K. C. Cole은 『아름다운, 너무나 아름다운 수학』에서 "그 연구결과가 가히 경악할 만하다"고 평가한다. 연구에 참여했던 수학자들은 '적자생존'의 믿음과는 다른 결과, 즉 비열하고 경쟁밖에 모르는, 이기적인 인간보다는 인간성을 갖춘 사람이 오히려 먼저 목표에 도달할 수 있으며, 다양한 갈등 상황에서 승자를 가려내도록 고안된 토너먼트에서도 정상에 오르는 사람은 가장 사나운 사람이 아니라 협동심이 가장 강한 사람이라는 사실을 밝혀낸 것이다. 모순처럼 보이지만 수학적 연구는, 종種의 진화는 '아귀다툼'보다는 '협력하며 사는 법을 배우는 것'에 더 의존하게 된다는 '신新적자생존론'을 탄생시켰다. '신적자생존론'이란 '적자'가 생존할 확률이 높은 것은 변함이 없는데, '적자'가 반드시 가장 강하거나 가장 비열하거나 또는 번식에서 가장 생산적이라는 것을 뜻하는 것은 아니라는 사실, 그리고 '적자'는 오히려 자신의 목적을 위하여 협력하는 방법을 가장 잘 배우는 종족이라는 사실을 의미한다는 점에서 찰스 다윈의 '적자생존론'과 다르다. '신적자생존론'은 지구촌화시대, 다원주의 시대, 정보사회, 지식기반사회로 특징되는 21세기의 가장 설득력 있고 건강하며, 지속가능한 생존 전략으로 다음과 같은 '정신'을 가지라고 요구한다.

"먼저 생각하라, 협동하라, 이웃의 성공을 배 아파하지 마라, 그리고 당신에게 해를 준 사람들을 용서할 마음의 태세를 갖추어라."

'신적자생존론'의 '정신'은 이처럼 이상적理想的인 가치를 가지고 있을 뿐만 아니라, 또한 실용적實用的이기도 하다. 리눅스시스템이라는 것이 있다. 리눅스는 헬싱키의 대학생 리누스 토발즈가 창안한 컴퓨터 운영체제를 말한다. 한마디로 '협력'의 원리에 기초한 운영체제라고 할 수 있는데, 그 집단에서 생각해 낼 수 있는 '최선의 것'을 함께 만들어서 참여한 사람들 모두가 무료로 그것을 가져다가 활용한다는 발상이 바로 리눅스시스템이다. 이 리눅스시스템의 기본 원리는 "자신의 목적을 위하여 협력하는 방법을 배우라"는 '신적자생존론'과 서로 상통한다고 볼 수 있는데, 자기 자신과 다른 사람, 다른 생명체, 그리고 자연과 우주와 더불어 살 수 있는 능력, 이것이야말로 이 세상을 평화 충만한 곳으로 만들 수 있는 핵심 동력이며, 동시에 21세기가 요구하는 생애 핵심 능력인 것이다.

문제는 우리 사회는 물론이요 학교나 심지어 가정에서조차도 '협력'이 얼마나 '생산적'일 수 있는지 경험할 수 있는 기회를 전혀 주질 않고 무조건 경쟁에서 이겨야 한다고 몰아붙이고 있다는 사실이다. 이런 상황에서 경쟁 대신 협력의 능력을 키워 나가는 것이 얼마나 힘든 일인지 잘 안다. 그래서 이 글을 읽는 청소년들에게 조금만 용기를 내 보자고 말하고 싶다. 굳이 경쟁이 필요하다면 그것은 다른 사람과의 경쟁이 아니라 자신의 가능성과의 경쟁일 것이다. 소설가 박범신은 『산다는 것은』에서 산악인들이 높은 산에 오르는 방법*은 극지법 등반과 알파인 스타일의 등반 등 두 가지가 있는데, 전자의 등반법은 힐러리 경이 에베레스트를 정복한 이후 세계 산악계에서 거의 사라졌으며 단연코 후자가 오늘날 세계 등산의 주류 방식이라고 하면서, 삶의 길을 걸어가는 것도 이와 결코 다르지 않다고 말한다. 물론 선택은 각자의 몫이라고 그는 말한다. 그러면서 그는 각자의 '삶의 산행'을 어떻게 오르려 했는지 생각해 보라고 한다. 그는 지난 반세기 동안 "개발 이데올로기의 강력한 지

* 박범신의 설명에 따르면, 극지법 등반은 높은 정상에 오르는 것이 최종적인 목표이므로 그 목표를 위해 방대한 장비와 물자, 그리고 많은 전문 인력들이 동원되는데, 이러한 등반에서는 어떻게 산을 오르는가 하는 것이 아니라 얼마나 높이 오르는가가 가장 중요한 가치가 되기 때문에 대개 수단과 방법을 가리지 않고 어떻게 하든 좀 더 높은 곳을 정복하려고 한다는 것이다. 반면, 알파인 스타일의 등반은 최종 높이보다는 등반하는 과정에 가치의 중심이 있다는 것이다. 즉, 일반적인 코스보다 더 위험한 새로운 코스를 선택하여 다른 사람이나 장비의 도움을 가급적 최소화하고 오로지 오르는 사람의 고유한 판단과 감각에 의존해서 정상에 오르는 실존주의적 등반법이 바로 알파인 스타일의 등반이라는 것이다.

원을 받으면서 아이로니컬하게도 '조용한 아침의 나라' 백성이었던 우리 모두의 가장 보편적인 삶의 방법"이 "어디서 어떻게, 무엇이 되든 상관없이, 일단 높이에 따른 '정상'만을 염두에 두고 오로지 '일등'만을 향해 달렸던 이 전근대적인 등산법"은 아니었는지 안타까워한다. 그러면서 그는 우리의 삶이라는 것이 무조건 점수를 높여야만 하는 스포츠와는 질적으로 다르지 않느냐고, 그리고 우리에게 정말로 중요한 것은 '나의 정상'이 아니겠냐고 반문한다.

> 중요한 것은 '나의 정상'이다. 삶에서, 모든 이가 다 에베레스트를 오를 수는 없다. 세상엔 얼마나 많은 봉우리가 있는가. 높든 낮든 상관없이, 내 본원적 그리움과 지향에 따라 '나의 정상'을 찾아내는 것이 만족감을 얻는 일차적 관문일 것이고, 그다음엔 그것을 향한 나만의 길을 찾아내고 오르는 것이 성공으로 가는 이차적 관문일 것이다. (중략) 알파인 스타일의 등반가는 언제나 자신의 '봉우리'를 찾아 오른다.
>
> 박범신, 『산다는 것은』, 한겨레출판, 2010, 28~29쪽

나의 정상, 나의 봉우리

내 친구가 서 있는 곳이 내가 오를 정상이 아닐 수 있음을 언제나 마음에 새겼으면 좋겠다. 청소년기에는 무엇보다도 '나의 정상'이 어느 곳인지 찾으려는 노력을 하는 것이 매우 중요하다. 같은 반 친구들이 하는 대로 휩쓸려서, 부모의 강압적인 요구에 순종해서, 학교와 사회의 분위기에 휘둘려서 땅만 내려다보면서 남들 가는 길로 열심히 산을 오르다 보면 어느 순간 (그곳이 대학이든, 직장이든) 내가 어디를 향해 걷고 있는지 극심한 혼란이 밀려오면서 그 자리에 주저앉거나 다시 돌아서 온 길을 걸어 내려와야 하는 일이 벌어질 수 있다. 내 자신이 그런 길을 걸어 봤기 때문에, 시행착오조차 아름답게 보이는 청소년기에 모름지기 '나의 정상'이 어디인지 진지하게 생각해 볼 시간을 보낼 것을 진심으로 권하고 싶다. 그리고 그 정상은 다른 사람과의 경쟁의식보다는 친구와 이웃, 다른 사람과의 협력을 통해서 잘 오를 수 있다. 경쟁이 아니라 협력이 내 삶의 정상에 오르는 가장 '경쟁력' 있는 등산법이다.

오스트리아의 예술가이자 건축가이면서 철학자인 훈데르트 바서라는 사람이 이런 말을 했다.

"나 혼자 꿈을 꾸면, 그건 한갓 꿈일 뿐이다. 하지만 우리 모두가 함께 꿈을 꾸면, 그것은 새로운 현실의 출발이다."

'꿈'을 가지고 사는 사람들에게는 공통된 특징이 있다. 그것은 매사에 자신감을 가지고 '자유롭게' 살아간다는 것이다. 나를 변화시키고, 사회를 변화시키는 진정한 힘은 바로 '꿈'이요, '이상'이다. 미국 인권운동가 마틴 루터 킹 목사는 모든 인간은 피부 색깔에 관계없이 서로 평등하고 평화롭게 살 권리가 있다는 주장을 하다가 암살당한다. 킹 목사가 암살당했던 결정적 이유는 바로 그가 암살당하기 열흘 전에 미국의 수도 한복판에서 했던, "나에게는 꿈이 있습니다I have a dream!"라는 그 유명한 연설 때문이었다. 그때까지만 해도 백인 인종차별주의자들은 흑인 인권운동 목사의 비폭력주의 평화운동이 미국 사회에 미칠 파괴력에 대해서 별로 심각하게 걱정하지 않았지만, 흑인 백인 할 것 없이 30만 명 이상의 미국 시민이 함께 모여 킹 목사의 연설을 경청하는 모습을 보면서 킹 목사의 '꿈'이 모든 미국 시민의 '꿈'이 될 수도 있겠다는 두려움을 느낀 것이다. 그래서 그들은 킹 목사를 암살한 것이다. 죽은 사람은 킹 목사이지만 사실 그들이 죽이고 싶었던 것은 킹 목사의 '꿈'이었다. 그러나 '꿈'은 오직 '실현'을 위해서 존재할 뿐, 결코 죽일 수 있는 것이 아니다. 암살 사건 직후, 만평가 빌 몰딘은 킹 목사보다 먼저 암살당했던 인도의 간디가 자기 돗자리 위에서 킹 목사를 천국으로 안내하기 위해 다정하게 환영하는 태도로 기다리고 있는 모습을 묘사하고 이렇게 덧붙였다.

"암살자들의 희한한 점은 말이오, 킹 박사, 그들이 당신을 죽였다고 생각한다는 점이오."

'꿈'은 다른 사람이 어쩔 수 있는 것이 아니다. 다만 스스로 '포기'하거나 처음부터 꿈을 갖지 않았을 뿐이다. 한 인간을 위대하게 만드는 것은 결코 그 사람의 육체적 강건함이 아니다. 아무리 힘이 센 장사라도 모든 인간은 총칼 앞에 무력하기 그지없으며, 그 점에서는 킹 목사뿐만 아니라 간디도, 톨스토이도 우리와 다를 바 없는 매우 미약한 존재였다. 그러나 그들의 '꿈'은 총칼을 쥐고 세상을 호령했던 당시의 지배자들과 지배계급, 그리고 그들의 기득권을 무력하게 만들 만큼 강력했다.

'꿈'을 가지고 사는 사람은 매사에 참으로 당당하다. '꿈'이나 '이상' 같은 것들을 성찰할 필요성을 전혀 느끼지 않으면서 기분대로 막살면 오히려 자유롭고 편할 것 같은데 실은 그 정반대다. 신영복 선생님은 '자유自由'란 풀어 쓰면 '자기自己 이유理由'를 가진다는 뜻으로 해석할 수 있다고 하셨다. 무엇을 하든 '자기 이유'를 가지고 살아가는 사람이 '참 자유인自由人'이라는 말인데, '한 번뿐인 삶'을 걸고 실현하고픈 '꿈'과 '이상'을 가지고 그것을 이루기 위해서 노력하는 사람이야말로 '참 자유인'이 될 수 있다는 말이다.

대학에서 교육학을 강의하는 사람으로서, 또 열네 살의 또 다른 우리 재영이, 재권이에게 인생의 이야기를 들려주는 '아빠'로서, 나는 이 글을 읽고 있는 여러분이 열심히 공부해서 학식 있는 괴물들이 되는 것이 아니라, 자기 자신에게, 지역사회에서의 이웃들에게, 그리고 이 세상의 모든 사회적 약자들에게 '좋은 이웃'이 되었으면 좋겠다는 아름다운 꿈이 있다. 자기 전문 영역에서 열심을 다해서 갈고닦은 학문과 전문지식을 자기 자신과 다른 사람, 그리고 자연에 이로운 방향에서 활용할 줄 아는 지혜로운 사람이 되었으면 좋겠다는 소중한 바람이 있다. 그리고 이 꿈을 당신과 내가 이 순간 함께 꾸고 있다면 그것은 적어도 우리에게는 '현실'이 된다.

글을 마무리하면서 다시 읽어 보니까 청소년이 읽기에는 글이 조금 어려울 수 있겠다는 생각이 들었다. 그래서 가능한 한 쉽게 고치려고 노력했는데…… 지금 그대들이 힘들게 읽었던 것이 바로 그런 노력의 초라한 결과이다. 대학 교수와 관련된 농담 한 가지. 대학 교수는 삼척동자도 알 수 있는 사실을 자신을 포함해서 누구도 모르게 설명할 수 있는 놀라운 능력이 있다고 한다.

내가 쓴 글을 내가 읽고서 든 생각이 이 말이 그저 농담만은 아니었구나 하는 큰 깨달음이다. □

—고병헌

김명곤

연극배우이고 연출가이며, 영화배우이기도 합니다. 서울대학교에서 독어교육학을 공부한 뒤, 동국대학교 언론정보대학원에서 석사를 받았습니다. 『뿌리깊은나무』 기자를 거쳐, 극단 아리랑 창단 대표, 한국예술종합학교 연극원 객원교수, 국립중앙극장 극장장, 제8대 문화관광부 장관 등의 일을 맡아 했습니다. 그리고 영화 〈서편제〉의 주인공 '유봉'으로 1993년 영화평론가협회상 남우주연상과 청룡영화상 남우주연상을 받았습니다. 제1회 '어린이연극제'에서 최우수작품상, 연출상도 수상했습니다. 요즈음은 '전주세계소리축제' 조직위원회 위원장을 맡고 있으며, 판소리와 탈춤, 장구, 북 등 우리 소리를 사랑하는 예술가로 꿈과 열정을 다해 신명 나게 살고 있습니다.

꿈을 쏘는 사수

"그리스 신화의 프로메테우스는 불을 훔친 죄로 독수리에게 간을 뜯어 먹히는 천형을 받는다. 불을 훔쳤다는 것은 신의 비밀을 알았다는 것이고 그것은 바로 창조행위인 것이다. 진정한 창조란 바로 간을 뜯어 먹히는 천형과 같은 고통을 동반한다는 의미로 이 신화를 해석하고 싶다. 그 고통을 이겨 내는 데에 가장 큰 도움을 주는 동반자는 바로 훌륭한 멘토다."

— 김명곤

사수자리

나의 별자리는 '사수자리'다.

"한 남자가 태양을 향해 화살을 쏜다. 예술가의 상이다. 그러나 그의 뒷모습은 땅에 발을 세차게 버틴 말의 엉덩이다. 리얼리스트의 상이다."

점성술 책에 나오는 사수자리에 대한 위의 설명처럼 내 인생은 예술과 현실의 양 절벽 사이에서 고난이도 줄타기를 하는 삶이었다. 소년 시절부터 내 눈앞에 펼쳐진 가시밭길을 꿋꿋이 버티며 살아올 수 있었던 것은 오로지 내 가슴을 불태운 예술에 대한 꿈

덕분이다. 나의 청춘 시절은 꿈에 대한 갈증이 '질풍노도' 처럼 소용돌이치는 시기였다. 그 갈증은 창조의 열정과 만나 내 인생을 가꿔 주었다.

나는 그 꿈을 이루기 위해 잡지사 기자로, 독일어 교사로, 연극배우로, 영화배우로, 판소리꾼으로, 연출가로, 작가로, 기획자로, 제작자로, 극장 경영자로, 장관으로 위태로운 줄타기를 하며 쉴 새 없이 화살을 쏘았다. 어쩌다 과녁에 맞은 화살도 있지만 수많은 화살이 빗나갔다. 기자나 교사처럼 과녁이 아닌 곳에 화살을 쏜 적도 있고, 배우로서 혹은 연출가나 작가로서 과녁을 벗어난 실패작도 많이 쏘았다. 그 모든 화살은 여전히 내 가슴에 있다. 과녁을 맞힌 화살보다 맞히지 못한 화살이 내 가슴을 아프게 찌른다. 그래도 나는 활쏘기를 멈추지 않는다. 이제 숨을 고르고 활을 내려놓을 나이가 되었건만, 나는 아직도 서투른 솜씨로 열심히 활을 쏘는 '꿈을 쏘는 사수'다.

어린 시절 나는 문학, 음악, 미술 등에 심취하는 '예술가' 기질이 강했다. 하지만 '리얼리스트'로서 악동 노릇도 서슴지 않았다. 나는 가난한 변두리 동네의 친구들과 함께 시멘트 부대로 만든 야구 글러브를 들고 고무공과 막대기로 야구하기, 동네 앞 기찻길에 대못을 올려놓았다가 기차가 지나간 뒤 납작해진 대못으로 뾰족칼 만들기, 맑은 물이 흐르던 전주천에서 피라미 잡기와 멱 감기, 각시바위 아래 빨래터에서 놀기, 겨울이면 널빤지에 철사를 끼운 스케이트로 얼음지치기, 딱지치기, 땅따먹기, 칼싸움 놀이 등을 하며 동네를 휘젓고 다녔다.

그런 놀이들과 함께 나는 만화 보는 것도 무척 좋아했다. 집 근처 허름한 이층집의 꼭대기 다락방에 만화방이 있었는데, 퀴퀴한 냄새가 진동하고 쥐 오줌 자국 누렇게 낀 골방 한구석에 쪼그리고 앉아 만화를 보는 순간은 그야말로 황홀했다. 그때 열광했던 김산호 작가의 『라이파이』는 어린 시절 나의 멘토였다. 『황금박쥐』나 『배트맨』과 비슷한 공상 과학 만화의 주인공이지만 대단히 한국적으로 창작된 캐릭터다. 가로누운 8자 모양의 검은 테 안경을 쓰고, 'ㄹ' 자가 새겨진 반달 모양 두건을 쓰고, 날씬한 몸에 멋진 의상을 입은 라이파이. 태백산맥의 깊은 산속 동굴에 비밀기지를 두고 윤 박사가 설계한 멋진 비행선 '제비기'를 타고 다니는 라이파이. 제비기를 운전하는 아름다운 제비 양과 세계 각국을 돌아다니며 악당과 싸우고, 광선총과 긴 밧줄로 황홀한 모험을 벌이는 라이파이의 이야기에 어린 나는 흠뻑 도취했다. 나는 라이파이처럼 하늘을 날고 싶어서 동네 앞개울에 있는 다리에서 뛰어내리기 훈련을 했다. 그러나 괜한 발목만 삐어 절뚝거리고 다녔다. 또 하늘에서 제비기에 달린 줄을 타고 내려오는 라이파이의 모습이나, 날씬하고 아름다운 제비 양의 모습을 그려서 보여 드리면 아버지와 어머니는 "잘 그린다! 멋있다!"며 아낌없이 칭찬을 해 주었다. 그 퀴퀴한 만화방은 내게 남루한 현실에서 도피할 수 있는 '비밀의 멘토'였다.

또 하나 비밀의 멘토가 있었으니 그것은 영화관이었다. 부모님과 가깝게 지내던 집안의 형이 영화관 입구에서 표 받는 '기도'를 했는데, '재갑이 성'이라고 부르던 그 형 덕분에 틈만 나면 어두운 영화관에서 가슴 두근거리며 환상 여행을 할 수 있었다. 어느 때는 친구까지 데리고 가서 "재갑이 성, 나 왔어!" 하면 "쬐끔만 기다려 봐!"라는 말끝에 어김없이 영화관에 들어갈 수 있었으니 어린 내게는 재갑이 형이 최고의 멘토였다.

초등학교를 졸업한 뒤 북중학교에 입학하자 나는 꿈에 부풀어 신입생 시절을 보냈다. 처음 배우는 영어도 신기하고 재미있었고, 국어나 음악 시간도 설렘으로 맞았다. 그런데 집안 형편이 갈수록 어려워지고, 학비를 내지 못해 담임선생님한테 불려 다니기도 하니 철없는 소년의 마음속에 불만이 가득 찼다. 2, 3학년 때는 집을 나가서 돈을 벌겠다고 가출을 꿈꾸기도 했고, 전주고등학교 1, 2학년 때는 서점에 취직하겠다고 심각하게 고민하기도 했다.

그 고민의 탈출구로 나는 학교 도서관을 택했다. 도서관은 청소년이 된 내게 새로운 '비밀의 멘토'였다. 그곳에서 소설과 시, 철학서를 읽으면서 문학에 대한 꿈을 키웠다. 중학생 때는 2년 동안 교지 편집반에서 치기 어린 문학소년 행세에 맛을 들였고, 고등학교 1, 2학년 때도 교지 편집을 했다. 고2 때는 매일 방과 후 도서관으로 달려가 한두 시간씩 세계고전문학전집, 현대문학전집, 한국문학전집, 철학서 등을 읽고 나서 공부를 했다. 입시 위주의 건조한 학교생활 속에서 책은 내게 '영혼의 산소호흡기'와 같았다. 본격적인 책 읽기는 고2 때 우연히 가입한 '고전독서회'를 통해 시작했다. 이름 그대로 고전을 읽고 일주일에 한 번 토론하는 모임인데, 그 시절에 흔하지 않은 남녀 혼성 서클이었다. 그때 『삼국유사』, 『삼국사기』, 『논어』, 『소크라테스의 변명』, 『플라톤』, 『대학』, 『시경』 등을 읽었다.

어린 시절 내가 만화, 영화, 독서 등에 심취한 이유가 무엇일까? 그것은 무언가를 '창조'하려는 열망이었다. 세계적 심리학자인 토렌스는 창조적인 사람이 되려면 우선 자기가 하는 일과 '사랑'에 빠지라고 했다. 연애할 때 시나 노래가 나오듯, 사랑에 빠지면 감정이나 직관 능력이 활발해지니 자신의 일을 사랑하며 적극적으로 일하는 자세가 창조의 원동력이 된다는 얘기다. 나는 음악, 문학, 영화를 사랑했다. 그러나 그 사랑은 때론 고통을 수반하기도 했다. 그리스 신화의 프로메테우스는 불을 훔친 죄로 독수리에게

간을 뜯어 먹히는 천형을 받는다. 불을 훔쳤다는 것은 신의 비밀을 알았다는 것이고 그것은 바로 창조행위인 것이다. 진정한 창조란 바로 간을 뜯어 먹히는 천형과 같은 고통을 동반한다는 의미로 이 신화를 해석하고 싶다. 그 고통을 이겨 내는 데에 가장 큰 도움을 주는 동반자는 바로 훌륭한 멘토다. 영국의 철학자이며 수학자인 앨프리드 화이트헤드는 이런 말을 했다.

> "보통 선생님은 지껄인다. 좋은 선생님은 잘 가르친다. 훌륭한 선생님은 스스로 해 보인다. 위대한 선생님은 가슴에 불을 지른다."

내 인생에서 '가슴에 불을 지른' 위대한 멘토는 여러 분이 계시지만 그중 가장 존경했던 멘토는 박시중 선생님이다. 고2였던 1970년 여름, 어느 여학교에서 부임해 오신 선생님을 한문 시간에 처음 만났다. 선생님은 중국 시인의 시나, 중국 영웅들과 지략가들과 현자들의 무용담, 한문으로 쓰인 최고의 문장들을 멋진 서예체의 글씨와 해박한 한문학 지식과 역사 지식을 섞어 가면서 가르쳐 주셨다. 문학지망생이었고, 고전과 한문학에 목말라 있던 나는 선생님의 수업에 푹 빠지고 말았다. 서울로 올라와서 대입 시험을 치른 날 밤, 나는 서울 친척집의 골방에 엎드려서 선생님에게 길고 긴 편지를 썼다. 암울하고 힘들고 입시 공부에 숨이 막혔던 고등학교 시절에 선생님의 수업은 내게 영혼의 숨통을 틔워 주는 귀중한 시간이었다는 내용으로 장문의 편지를 썼다. 그러자 선생님께서도 멋진 달필로 쓴 장문의 편지를 바로 보내 주셨다.

"보내 준 편지 참으로 반갑게 받아 보았네. 언젠가 독후감 써낸 것들을 검토하다가 자네가 쓴 『초사』 독후감을 보고 어찌나 흐뭇했는지. 그래 전교생에 시범적으로 낭독하여 주도록 했었지. '관봉일우觀鳳一羽에 지오색지구知五色之具(봉의 깃 하나를 보면 다섯 색깔 갖춘 것을 알 수 있다)' 라는 말도 있듯이 한 가지를 미루어 여러 가지를 짐작했네. 자네 독서력이나 감상력이 뛰어난 것보다 허영과 물욕의 와중에서 인간을 상실해 가는 판국에 자네의 정심수학하는 마음의 자세가 출중함을 느끼었네. 학문하는 사람의 태도로서 저 굴원이 말한 바 '거세계탁擧世皆濁에 아독청我獨清이요, 중인계취衆人皆醉에 아독성我獨醒(세상이 온통 흐려져 있는데 나 혼자만이 맑고 깨끗하였고, 사람들 모두가 이욕에 취했는데 나 혼자만이 맑은 정신이었네)'과 같은 의연한 자세가 확립되어야 가히 후일이 기대되는 큰 인물이 될 줄로 아네. 물질에 눌려 패기조차 잃은 속물들은 마땅히 타기해야 하네. 자네는 명석한데다가 시종을 분명히 하려는 학구적인 천성이 구비되었으니 꼭 대성할 것으로 기대된 바가 크네."

난 지금도 박시중 선생님이 보내 주신 편지와 고등학생 시절에 선생님이 칠판에 적어 주셨던 한문의 시구들을 적은 노트를 간직하고 있다. 선생님의 기대처럼 학문의 길로 가지 못하고 연극의 길로 들어섰지만 내가 예술을 하면서도 우리의 전통과 판소리와 고전의 아름다움에 심취할 수 있었던 것은 예민하고 열정적이던 고등학교 시절, 내 가슴속에 고전 사랑의 불을 질러 준 박시중 멘토의 은덕이다.

기이한 인연 그리고 나의 부모님

1971년 초, 전라도 촌놈이었던 나는 세계문학을 두루 섭렵해 최고의 시인이나 소설가가 되겠다는 야심을 품고 서울사대 독어교육과의 문에 들어섰다. 그런데 나의 꿈은 뜻하지 않게 만난 연극 때문에 급속히 회전하기 시작했다. 지금은 사라진 청량리 근처 용두동의 서울사대 캠퍼스에 다니던 2학년 어느 봄날, 연극반원 친구를 따라 사대 소극장으로 놀러 갔다. 어두컴컴한 소극장의 귀퉁이 의자에 앉아 난생처음 연극 연습하는 걸 구경하고 있었는데 배우 한 사람이 나오지 않았다고 화를 내던 뚱뚱한 연출 선배가 나를 보더니 "너 이리 나와 봐!" 하며 손가락으로 나를 가리켰다. 깜짝 놀라서 무대로 올라가니까 대뜸 대본을 주면서 "여기, 이 대사 읽어봐!" 하는 것이다. 몇 마디 되지 않는 대사를 더듬더듬 읽었더니 선배가 "너 내일부터 계속 나와!" 하는 게 아닌가?

그날부터 나는 연극과 사랑에 빠졌다. 연습할 때의

순수한 열정, 진지함, 때로는 싸움까지 벌일 만큼 치열한 토론, 어깨동무하고 소주를 마시는 순박함 속에서 예술 공동체의 일원이 된 자부심을 느꼈고, 그 속에서 한없이 편안하고 자유로웠다. 연극의 '연' 자도 모르던 촌놈이 친구 따라 연습실에 구경 갔다가 연극의 덫에 걸려 인생의 회전목마를 타게 될 줄 어찌 알았겠는가. 그 좋은 대학 시절, 나는 미팅 한 번 제대로 못 해 본 채 퀴퀴한 냄새가 나는 서울사대 연극반실과 소극장에서 뒹굴며 보냈다. 그러다 보니 수업에 들어가는 날보다 들어가지 않은 날이 많아 독어과에서 꼴찌로 졸업할 지경에 이르렀다. 한번은 '독일 희곡 강독' 수업에 들어갔는데, 교수님이 갑자기 "명곤이, 노트 좀 보자!"고 했다. 책 살 돈이 없어 교재도 없이 수업을 듣는 처지니 노트 정리가 제대로 됐을 리 없었다. "이놈아, 아무리 연극을 해도 그렇지, 적을 것은 좀 적어라!" 하면서 요즘 무슨 작품을 연습하느냐고 물었다. 헤럴드 핀터의 〈방〉이라는 작품을 연습한다고 했더니, 그날은 독일 희곡 수업 대신 영국의 현대 희곡 작가에 대해 열강하셨다. 연극반 지도교수였던 체육과 교수님은 당신이 입던 낡은 양복이나 넥타이 등을 의상으로 쓰라고 가져오기도 했다. 내가 낙제하지 않고 졸업할 수 있었던 것은 오로지 젊음의 열정과 낭만을 이해하고 사랑해 준 교수님들 덕분이었다. 나는 졸업한 뒤에도 낙제하는 꿈을 자주 꾸었다. 수업에 거의 들어가지 않은 교련이 F학점이기 때문에 졸업이 안 된다는 통보를 받는 꿈인데, 그 꿈을 하도 여러 번 꾸어 나중에는 내가 정말 교련을 F학점 받았다는 착각에 빠졌다. 성적표를 확인해 보니 D학점인지라 한시름 놓았던 기억이 있다.

이런 낭만적이고 예술적인 분위기에서 치기만만한 연극 수업 시대를 보내다 보니 3학년 말에 덜컥 병에 걸리고 말았다. 바로 휴학계를 내고 고향에 내려갔다. 병과 죽음에 대한 공포와 싸우기도 하며 우울한 여름을 보내던 중, 나는 또다시 새로운 인생의 회전목마를 타게 되었다. 고등학생 시절의 친구가 전주에서 조금 떨어진 김제라는 읍에 살고 있어서 그의 집에 놀러 갔다. 그런데 친구가 김제국악원에서 판소리를 배우고 있으니 함께 가 보자고 하는 게 아닌가. 나는 그때까지 판소리를 직접 들어 본 적이 없었다. 김제국악원은 활 쏘는 '사정射亭'의 한쪽 구석에 있는 한옥 별관을 빌려 썼다. 매미 소리 요란한 활터에 들어서니 어디선가 북 치는 소리와 어린 소녀들의 노랫소리가 들려왔다. 노랫소리를 따라 안으로 들어가니 고목 옆, 아담하게 세워진 정자 안에 하얀 모시 한복을 곱게 차려입은 중년 부인이 초등학생으로 보이는 소녀 서너 명을 앉혀 놓고 판소리를 가르치고 있었다. 부인은 갸름한 얼굴에 오뚝한 코와 선이 분명한 입술이 젊은 시절에는 대단한 미인이었을 것으로 짐작되었다. 나는 친구와 술집에 앉아서 그 부인에 대한 이야기를 나눴다. 젊었을 때 창극계에서 출중한 미모와 소리로 이름을 날리던 명창인데, 사랑의 상처 때문에 아편중독이 되어 활동을 중단하고 시골의 소리 선생으로 눌러앉았다고 한다. 말 한마디 나누지 못했지만, 여류 명창의 모습이 뇌리에 깊이 새겨졌다. 다음

날 나는 전주 시내의 레코드 가게를 돌아다니며 판소리가 실린 레코드를 여러 장 샀다. 그리고 몇 달 동안 방에 틀어박혀 판소리를 수백 번 들었다.

여름이 지나 가을바람이 불자 나는 훌쩍 집을 떠나 지리산으로 갔다. 상선암은 지리산 자락인 구례읍 부근에 있는 천은사의 부속 암자인데, 그곳에서 판소리와의 기이한 인연이 또 이어졌다. 암자에서 나무도 하고 청소도 하고 불도 때며 홀로 지내는 김씨 할아버지가 젊은 시절 판소리를 했다는 것이다. 김제국악원에서 판소리를 들은 뒤 자나 깨나 판소리에 심취했던 내게는 귀가 번쩍할 소식이었다. 할아버지께 판소리 좀 가르쳐 달라고 했더니 저녁 먹고 자기 방으로 오라고 했다. 그날부터 할아버지는 북장단도 가르쳐 주고, 〈심청가〉 한 대목도 가르쳐 주었다. 그러던 중 구례읍에 단소의 명인이 있다는 소문을 듣고 지체 없이 그분을 찾아 나섰다. 읍내에서 한 시간 정도 떨어진 산길을 물어물어 절골에 사는 김무규 명인을 만났다. 옛날에는 고대광실이었을 퇴락한 기와집에 사는 그분은 단소와 북과 거문고의 명인이었다. 며칠 뒤에 다시 찾아가니 집 뒤 대나무 숲에서 대를 잘라 단소를 만들어 선물로 주며 기초부터 자상하게 가르쳐 주었다.

1975년 3월, 몇 달 간의 상선암 생활을 마치고 복학해서 어수선한 5학년을 보내던 초겨울에 군대 갔다가 휴가 나온 김제 친구와 함께 종로 거리를 걸어갈 때였다. 단성사 맞은편 피카디리극장 앞을 지나 비원 쪽으로 터덜터덜 걷고 있을 때 친구가 내 손을 꽉 잡으며 길가에 멈춰 서더니 간판 하나를 가리켰다. '박초월 국악전습소'. 우리는 약속이나 한 듯 건물 4층으로 올라갔다. 북소리와 여자들의 노랫소리가 들려왔다. 친구가 먼저 현관문을 기세 좋게 열고 들어갔고, 나는 주춤거리며 뒤따라 들어갔다. 어린 소녀들과 나이 든 처녀들이 소리 공부를 하다가 모두 소리를 멈추고 우리를 쳐다봤다. 나의 판소리 멘토인 박초월 명창과의 만남은 그렇게 시작되었다. 박초월 명창은 김소희, 박녹주 명창과 함께 한국 여류 판소리계를 대표한 분이다. 나는 그날부터 하루도 빠지지 않고 학원에 다녔다. 선생님은 정이 많은 성격이어서 좋아하는 사람에게는 무한정 정을 쏟았다. 그중에서도 내게 쏟은 정은 각별했다. 선생님의 사랑 덕분에 나는 평생을 판소리에 몸담아 온 예술가의 겉과 속을 속속들이 알게 되었다. 책이나 이론적인 가르침을 통해서는 깨달을 수 없는, 몸에서 몸으로 전해지는 광대의 삶에 대해서도 조금씩 눈을 떴다.

연극과 판소리에 대해 아무것도 모르던 시절에 사대 연극반과의 만남, 교수님들의 따뜻한 격려, 김제 국악원의 여자 명창, 지리산 상선암의 김 씨, 구례의 김무규 명인 등의 멘토들이 차례로 내 인생에 등장하더니 마침내 박초월 명창과의 만남으로 이어졌다. 난 지금도 그 기이한 인연이 신기하고 감사하다.

그런데 그 인연이 인연만으로 끝나지 않고 평생의 직업이 된 것은 나의 노력만으로 이루어진 것이 아니다. 나는 대학을 졸업한 뒤 출판사 기자로 1년간 취직을 했다가, 고등학교 독어 교사로 2년쯤 취업을 한 뒤

직장을 그만두고 연극만을 하며 살기 시작했다. 안정된 직장을 버리고 불안하기 짝이 없는 연극의 길을 가려는 나에게 주위의 비난이 쏟아졌다. 그때 유일하게 나를 지지하고 격려해 준 멘토들이 있다. 그분들이 없었다면 나는 이 험난한 예술의 길을 계속 갈 수 없었을 것이다. 그분들은 바로 나의 부모님이다.

딸 셋을 내리 낳은 끝에 본 첫아들이라서 나는 부모님과 누이들로부터 사랑을 듬뿍 받으며 자랐다. 그래서 그런지 자기중심적이고, 남이 조금만 서운하게 해도 잘 삐치고, 남을 배려하기보다는 남이 나를 배려해 주길 바라는 성격으로 자랐다. 또 음악이나 문학이나 미술 등 예술에 심취하는 취향이 너무도 강해서 주변의 일들에 무관심하고 나의 관심사에만 집중하는 편이었다. 그런 나를 아버지는 가끔씩 나무라기도 하고 엄하게 대하셨지만 가슴 깊은 곳에서 느껴지는 나에 대한 애정은 한 번도 의심한 적이 없었다. 어머님은 평생 동안 나에게 꾸지람이나 욕설을 단 한 번도 하지 않으셨다. 언제나 입가에 떠도는 따뜻한 미소가 어머니의 전매 특허였다. 부유하고 행복했던 어린 시절은 번개같이 지나가고 가세가 기울어서 가난으로 얼룩진 사춘기 때 나는 아버지를 원망하고, 동생들을 괴롭히고, 어머니에게 함부로 대들기도 하고, 말썽을 부리며 못된 짓을 많이 했다. 그래도 어머니는 그윽한 눈길로 말없이 나를 바라보기만 하셨다.

서울에서 대학교 다니던 아들이 갑자기 연극에 미쳐 술독에 빠져 지내고, 방탕한 생활 끝에 병에 걸려 집에 돌아왔을 때도 부모님은 한마디도 나무라지 않고 지극정성으로 병간호를 하셨다. 또 휴양하던 병자가 판소리에 미쳐서 노래를 불러 대니 참다못한 옆집 아주머니가 어머니에게 "댁의 아드님이 무당 될려고 저런 괴상한 노래를 부르냐?"고 핀잔을 주었다. 그런데도 어머니는 빙긋 웃으시며 "우리 아들이 노래 부르는 걸 좋아해요" 하실 뿐이었다. 내가 연극하겠다고 직장을 그만두었을 때도 부모님은 한마디도 나를 비난하지 않으셨다. 주변의 일가친척들이 오히려 왜 아들을 말리지 않느냐고 어머니를 흠잡았다. 그때 어머니가 하신 대답은 언제나 똑같았다.

"우리 아들이 하고 싶은 걸 하게 해야지요."

부모님은 그렇게 아들을 믿은 대가로 혹독한 가난과 병마와 싸우며 힘들게 살다가 돌아가셨다. 그러나 두 분 다 돌아가실 때까지 아들을 원망하거나 비난하는 말을 한 번도 하지 않으셨다.

내가 지금까지 예술의 황량한 들판에서 버텨 온 것은 오로지 부모님 덕분이다. 세월이 가면 갈수록 부모님의 믿음과 사랑이 나에게 얼마나 큰 멘토링이 되었는지 실감한다. 좌절하고 불안해하고 절망에 빠질 때마다 나를 지탱해 주는 것은 저세상에서도 나를 응원하는 영혼이 계시다는 든든함이다. 만약 두 분 중 한 분이라도 내가 돈벌이도 안 되고 엄혹한 독재 정권 밑에서 진보적 문화운동과 연결되어 위험하기 짝이 없는 연극 활동을 하는 것에 대해 심하게 반대를 했더라면, 나는 직장 생활을 계속하거나 새로운 직장을 찾아 연극판을 떠나야 했을 것이다. 두 분은 언제나 나를 신뢰하고, 내가 무엇을 하든 든든한 후원자로서 지켜봐 주셨다.

왜 그랬을까? 사춘기 이후의 나는 성적도 별로 좋지 않았고, 하는 짓도 위태위태했다. 혼나려면 얼마든지 혼날 일을 수도 없이 저질렀다. 그리고 졸업 이후의 나는 연극한답시고 집안을 돌보지 않는 이기적인 자식이었다. 그런데도 왜 나의 부모님은 언제나 내 편이었을까? 너무 일찍 돌아가시는 통에 그걸 여쭤 보지 못한 게 한이 된다.

지금 나는 대학교를 졸업한 딸과 대학을 다니는 아들의 아버지 노릇을 하고 있다. 내가 아이들에게 보여 주는 애정과 신뢰의 크기는 아버님이 나에게 보여준 것의 백분의 일도 안 된다. 나는 언제나 아이들이 못미덥고, 아이들의 행동이나 생각에 대해 못마땅한 것이 너무도 많다. 왜 나는 아이들을 믿지 못할까? 왜 언제나 아이들 편이 되어 주지 못하고 끊임없이 실망할까? 하늘에 계신 우리 부모님에게 여쭤 보고 싶다. 내가 못된 짓을 하고 부모님을 실망시켰을 때 나에 대한 사랑과 믿음의 마음을 어떻게 키우셨느냐고. 언

DRAMA
아무렴, 네가 진짜로
좋아하는 일을 해야지~

젠가는 내 꿈에 나타나 가르쳐 주시겠지. 그 가르침을 이어 받아 나도 아이들과 후배들과 제자들을 지켜 주는 훌륭한 멘토가 되고 싶다. □

박병상

인천을 떠나지 않은 토박이로 인하대학교에서 척추동물 계통분류학을 공부하고 가톨릭대학교 대학원에서 환경사회학을 더 공부했습니다. 성공회대학교를 비롯한 여러 대학에서 '생태'를 주제로 강의하면서 여러 환경단체를 지원하고 있습니다. 도시 속의 녹색 여백을 추구하는 인천 도시생태 · 환경연구소를 소박하게 만들어 일하고 있습니다. 펴낸 책으로 『굴뚝새 한 마리가 지엔피에 미치는 영향』, 『파우스트의 선택』, 『내일을 거세하는 생명공학』, 『우리 동물 이야기』, 『참여로 여는 생태공동체』, 『녹색의 상상력』, 『이것은 사라질 생명의 목록이 아니다』 등이 있습니다.

내일의 그림을 마음껏 그릴 때

"자신이 어떤 일로 평생 행복하게 살아갈 수 있는지 학교는 가르치지 않아. 자신의 내면에서 그 답을 찾아야 하는데, 많은 젊은이가 현실에 부딪혀 좌절하지. 시간이 걸리더라도 자신이 하고자 하는 일을 찾고, 그 일에 몰두해야 행복할 텐데, 그러지 못한 거야. 자신이 진정 하고 싶은 일이 무엇인지 미처 알지 못했을 뿐 아니라 알아내려고 노력하지 못한 거야."

—박병상

너 자신을 위해
어떤 그림을
그리고 있니?

동희야, 오늘도 즐겁지? 재수생인 네 형이 집안 분위기를 조심스럽게 만들어도 넌 여전히 오늘을 즐겼으리라 믿는다. 가끔 만나 네 진로를 물으면 "몰라요. 그냥 하루하루가 좋대요!" 하는 네 아빠도 실은 걱정하는 눈치더라. 하긴 당장 네 형도 있는데, 네 문제로 머리 아플 때는 아니겠지.

자기 일이 아니면 관심사에서 멀어지는 게 세상사인가 봐. 네 사촌 형이 대학에 입학하고 나니, 올 수

능이 코앞에 다가왔다는 소식을 뉴스 보고 알았지 뭐니. 작년 이맘때만 해도 네 고모는 합격할 만한 대학과 전공학과를 찾는 수천 가지 방법 중에서 천 가지는 알았다고 했는데, 네 형이 섭섭하게 생각할지 몰라도, 올해는 무심하게 되더라. 그래도 네 형은 그나마 다행이야. 자신이 공부하고자 하는 방향을 분명히 정해 놓고 있잖니. 이번이 마지막이라는 강박이 없으면 돼. 공부는 평생 하는 거니까.

사실 말이 없어 그렇지, 네 아빠와 엄마가 동희 걱

정을 하지 않을 리 없어. 그건 네 고모도 마찬가지야. 5남매를 둔 할머니는 어떻겠니? 네 큰고모부터 작은 아빠 네까지, 계속 이어지잖니? 할머니는 언젠가 말씀하시더라. 집집마다 공부 못해서 걱정인 손주가 하나씩 있다고. 손주만 그랬겠니? 다섯 남매 중에도 공부 않던 자식이 있었겠지. 또 열심히 공부해도 성과가 없는 자식도 있었을 테지. 그런데 생각해 봐. 가장 공부를 잘했다는 네 작은아빠, 첫 직장에서 뛰쳐나온 뒤 지금까지 고생이 많지 않니? 대학을 실패한 네 아빠는 어때? 가장 안정적이지 않니? 어쩌면 할머니도 널 그리 크게 걱정하지 않으실지 몰라.

사회운동하느라 바쁘다며 할아버지 제사 때 자주 가지 못하는 너의 고모부인 나는 네 나이 때 어떻게 살아갔을까? 지금 가만히 앉아 곰곰이 생각해 봐도 얼른 떠오르는 게 없구나. 그저 평범했기 때문일 거야. 남들처럼 교실에 앉아 공부하고, 수업 끝나면 친구들과 어울려 탁구장에 갔어. 가끔 원예반에 가서 화분을 갈아 주거나 독서실에서 책을 보기도 했지. 모범

생이라 그런 게 아니라, 그땐 다 그랬어. 네가 사는 곳처럼 주변에 논밭과 산이 있다면 그리 몰려갔겠지만 그때나 지금이나 대도시잖아. 그래도 그땐 주변에 갯벌과 논밭이 조금 있었는데, 지금은 통 찾아볼 수 없구나. 그 점을 애석하게 생각한단다. 학교 파하고 돌아다닐 데가 없으니 말이다. 다 다음 세대를 생각하지 않고 개발한 이 시대 어른들의 욕심 때문이겠지.

오십 대 중반이 지나 벌써 40년이나 된 옛일을 떠올리는 건 쉽지 않네. 하지만 그때 같이 어울리던 친구들을 지금도 만나니까, 그 친구들의 지금과 예전의 삶을 고모부의 삶과 견주어 보고 싶구나. 청소년 이상으로 훌쩍 자란 아이들을 둔 고모부 친구들은 어릴 적 품었던 청운의 꿈을 지금 활짝 피웠을까? 어때? 동희는 그렇게 생각하니? 물론 험난하지만 그 길로 한 발 한 발 아직도 다가서는 친구도 있긴 하지. 하지만 대부분은 가족과 탈 없이 살아가길 희망하면서 평범하게 산단다. 모두 대학은 졸업했는데, 경쟁이 치열했던 대학에 자랑스레 입학했던 친구도, 원치 않은 대학에 입학해 시무룩했던 친구도 마찬가지야. 네가 보기에 고모부는 어떠니? 자신의 길을 가고, 그 과정을 즐기는 거 같다구? 같은 게 아니라, 맞아!

그런데 그거 아니? 그 친구 중에 지금까지 제 전공을 살리는 일을 하는 경우는 거의 없다는 거. 살아가며 조금씩 자신의 인생 항로를 수정하더니 지금은 전공과 전혀 관계없는 일을 해. 그렇다고 후회하는 거 같지는 않아. 대학에서 공부했던 경험이 모두 소용없진 않겠지만 대학을 다니지 않아도 될 일을 하는 친구도 있어. 네가 보기에 생물학을 전공한 난 어떤 거 같니? 비슷하지 않아? 지금은 전공과 거리가 먼 사회운동에 시간을 쏟고 있잖아. 한데 대학에서 배운 생물학이 사회운동에 많은 도움이 되긴 해. 아니 생물학을 선택하기 위해 고교 시절, 그 전 중학생 때 관심 가지고 활동했던 순간순간들이 다 도움이 된다고 느껴. 남이 아니라 고모부 자신이 그리는 그림대로 살아가기 때문일 거야. 하루하루가 즐거운 중학생 동희는 지금 너 자신을 위해 어떤 그림을 그리고 있을까?

벌써 20년이 되었구나. 학교에서 들었는지 모르겠다만, 1992년 미국의 대도시 LA 한인타운에서 폭동이 있었단다. 그 원인을 이야기하려는 게 아니야. 그 광란의 폭동 현장에서 뉴스 카메라의 인터뷰에 응한 한 소년이 자랑스럽게, "소리만 들어도 어떤 자동소총인지 다 안다"고 말했다는구나. 고모부는 그 이야기를 책에서 읽었어. 저자는 "소리만 들어도 어떤 새인지 알아야 할 나이가 아닌가?" 되물으며 안타까워하더라. 동희도 이해할 수 있겠지? 그런데 동희야. 물론 동희는 자동소총 소리를 구별할 리 없겠지만, 넌 소리만 들어도 어떤 새인지 알 수 있니? 집 주변에 어떤 들꽃이 무리지어 피어 있는지 둘러볼 기회는 있니?

자신의 주위에 어떤 생물이 사는지, 이웃은 어떤 일을 하는지, 그들의 관심사는 무엇인지, 알고 살기 참 어렵구나. 알아볼 엄두가 나지 않아. 삭막한 거야. 아스팔트와 콘크리트로 뒤덮인 아파트 단지가 지천인 여기는 당연한 듯 삭막한데, 산이 가깝고 시내가 흐르는 동네에 사는 동희는 알고 지낼 기회가 있는지 모르겠구나. 여기 대도시보다야 훨씬 낫겠지만, 중학생이 된 이후에 예전처럼 밖에 나가게 되지 않지? 하루하루가 즐거운 동희는 다른가? 어느 도시나 오로지 성장과 발전을 내세우는 마당인지라 학원이 번창하고, 사교육 열정이 커지는 만큼 예외는 없을 거야. 동희도 학원에 다니긴 하잖아? 재미없지? 효과는 있니? 성적은 오르는 것 같니? 학원에 시간 빼앗기면서 동네에 새로 이사 온 이웃이 누구인지 잘 모르게 되고, 차차 관심이 없어지지 않던? 그 집 아이가 공부 잘한다는 소리가 들리면 공연히 화가 나지?

동희네 가까운 곳에도 있을 텐데, 우리나라에서 아주 크다는, 무슨 마트라고 하는 대형 소매상가 있잖아. 그 마트를 소유하는 회장 집의 아이들은 행복할까? 우리나라 최고 갑부의 딸이 유학을 가서 열심히 공부하는 줄 알았는데, 자살했던 거, 동희는 기억하니? 그이는 성인이었고, 자살을 선택한 걸로 보아 결코 삶이 행복하지 않았을 거야. 대형 마트를 물려받을 아이들은 어떨까. 그들도 충분히 행복하게 살 권리가 있다고 보고, 지금 실제로 행복할 수 있어. 한데, 그 대형 마트가 사실 많은 이의 행복을 빼앗고 있단다. 낮은 가격의 상품을 많이 만들어 내기 위해 자연자원을 마구 파헤치고 노동자의 월급을 깎거나 해고마저 서슴지 않거든. 네 아빠가 다니는 회사도 그런 종류의 압박에서 자유롭지 않을 거야.

모르긴 해도, 그렇게 대단한 부자의 아이들에게는 감당하기 어려운 공부가 강요될지 모르겠구나. 들리는 소문이 그렇다 하던데, 그런 공부는 대단한 부자의 자녀들만 감당해야 하는 건 아니지. 서울 대치동의 땅값과 아파트 가격이 높은 건, 그곳의 수강료 비싼 학원을 다니면 이른바 '일류학교'라고 말하는 대학에 많이 합격하기 때문이라지? 맞을 거야. 그 지역의 학원 출신들이 좋다는 대학에 많이 합격한 건 사실일 거야. 하지만 말이다. 따져 보면 가장 많이 불합격한 것도 사실 아닐까? 어쩌면 대치동은 행복보다 불행을 더 많이 만들어 내는 곳이라는 생각이 들어. 그런데도 많은 이들이 제 아이를 미어터지게 대치동으로 보내는구나. 다 자식을 위한 길이라고 말하던데, 정작 제 자식의 의견을 허심탄회하게 물었을까? 동희는 엄마 아빠가 아무리 강요해도 싫다 했을 테지? 그래서 고모부는 네가 미더워.

어떤 광고가 생각나. 책 읽는 젊은이를 없앤 것이 스마트폰이라고 고모부는 생각하는데, 그 스마트폰이 아직 세상에 나오기 전이었어. 버스를 타고 가던 여인이 남대문을 보고 무릎에 앉은 아기에게 알려 주더구나. "남대문이 국보 1호"라고. 제 엄마에게 남대문이 국보 1호라는 정보를 받은 아기는 "그럼 국보 2호는?" 하고 엄마에게 묻더라. 그러자 엄마는 얼른 전화기로 검색해서 국보 2호가 무엇인지 찾더구나. 한데 이상하지 않니? 아장아장 걸을 정도의 아기가 국보 2호가 뭔지 묻는다는 거, 동희는 이해가 되니? "국보가 뭐야?" 하고 물어야 정상이라 생각해. 하지만 그 광고를 보고 불편해 하는 사람이 적은 우리 사회는 아기에게 국보 2호까지 주입하려 드나 봐.

요즘 고등학교도 겉으로는 전인교육을 표방하지

만, 대학 입학을 전제로 공부하는 분위기에 젖은 지 오래되었으니 일단 접어 두자. 중학교는 어떨까. 중학생인 너는 어떻게 생각하니? "자신을 둘러싼 세계의 경험을 바탕으로 다양한 문화와 가치에 대한 이해를 넓히고 다양한 소통 능력을 길러 민주시민으로서의 자질과 태도를 갖추게 하겠다"는 중학교 교육 목표는 지금 어디에 있을까. 대학을 향한 수업에 질식돼 있는 건 아닐까?

"기초 능력을 배양하고 기본 생활 습관을 형성하도록 개성을 추구하고, 창의적인 능력을 발휘하며 진로를 스스로 개척하는 사람을 양성하겠다"는 초등학교는 "새로운 가치를 추구하고 공동체의 발전에 공헌하는 사람을 키우겠다"는 교육 목표를 세웠는데, 몇 안 되는 학습과목의 선행학습이 그 목표를 가로막은 지 오래된 게 분명해. "전인적 성장을 위한 기초 교육으로서, 유아의 일상생활에 필요한 기본 능력과 태도를 기르는 데 중점"을 두겠다는 유치원 교육도 엉망이 되었어. "몸과 마음이 건강하게 자랄 수 있는 경험"보다 초등학교에서 두각을 발휘할 과목을 미리 배우려고 하지. '더불어 생활하는 태도'와 '창의적 표현'보다 주입식 수업을, "일상생활의 문제를 스스로 궁리할 수 있도록" 가르치기보다 경쟁에서 승리하는 법을 알려 주는 데 중점을 두는 느낌이야. 유치원의 승자가 초등학교와 중학교에서 앞서 나가고, 그래야 고등학교를 우수한 성적으로 졸업해 좋은 대학교에 진학할 수 있다고 믿기 때문일 거야.

바보 같은 질문

오늘은 일요일이란다. 회의다 강의다 시간에 쫓겨 살다 보니 글을 많이 쓰는 고모부는 원고가 늘 밀리는 편이야. 그래서 약속이 없는 일요일이면 가까운 도서관에 자주 가지. 늦은 아침을 먹고 천천히 도서관에 갔더니 남은 자리가 거의 없더구나. 수능이 얼마 남지 않았다는 걸 새삼 느끼겠더라. 게다가 고등학교 중간고사 기간이라네. 개인 컴퓨터를 가지고 앉는 책상도 고3이거나 재수생으로 보이는 젊은이들로 거의 만원이더군. 대입학원의 강의 동영상에 빠져 있는 학생도 많아. 밖에는 깊어 가는 가을을 겨울로 재촉하는 차가운 비가 주룩주룩 내리는데, 도서관 열람실이 북적이는 이유는 오직 하나, 대학 입학인 거야.

정말 바보 같은 질문인데, 대학에 왜 그리 많은 젊은이들이 몰려드는 걸까? 공부를 좋아하는 젊은이가 그리 많은 걸까? 대학을 졸업하지 않으면 행복하지 않을 것으로 여기기 때문일까? 우리는 주변에서 대학을 나오지 않고 자신의 일에 충실하면서 행복하게 사는 사람들을 얼마든지 볼 수 있는데, 학력이 장래를 위해 안정된 직장을 잡는 가장 확실한 수단이 된다고 믿기 때문일까? 통계를 보면 그럴지 몰라. 대학을 졸업한 이가 그렇지 않은 이보다 큰 기업에 취직이 잘되는 건 사실일 거야. 아마 월급 액수도 더 많겠지. 하지만 말이다. 대학을 졸업한 고모부 친구 중에서 행복하게 첫 직장을 계속 다니는 이는 드물고, 정년이 많이 남은 상태에서 직장을 일찌감치 그만두는 사람이 훨씬 많아.

꿈과 이상을 펼치려 대학을 들어갔고, 그 연장선에서 잡은 직장이라면 그만두는 일은 참으로 아쉬울 텐데, 현실은 그렇지 못한 경우가 더 많은 거 같아. 다니던 직장을 결국 때려치우고 가게를 차린 친구도 많은데, 대학 졸업 여부와 아무 관계가 없는 가게를 차리는 경우가 대부분이었어. 가게를 진작 차렸다면 더 좋았을 거라고 그 친구들은 말하곤 한단다. 무슨 뜻일까? 대학을 입학하지 않아도 괜찮았다는 얘긴데, 그는 아마 자신이 선택한 직장에서 보람과 긍지를 찾지 못했을 거야. 대학 선택도 그리 흔쾌하지 않았을 테고.

동희도 알다시피, 먼저 자신이 어떤 일로 평생 행복하게 살아갈 수 있는지 학교는 가르치지 않아. 자신의 내면에서 그 답을 찾아야 하는데, 많은 젊은이가 현실에 부딪혀 좌절하지. 시간이 걸리더라도 자신이 하고자 하는 일을 찾고, 그 일에 몰두해야 행복할 텐데, 그러지 못한 거야. 자신이 진정 하고 싶은 일이 무엇인지 미처 알지 못했을 뿐 아니라 알아내려고 노력하지 못한 거야. 남을 의식하며 대학을 가느라, 취업을 하느라 그랬겠지. 부모나 선생님의 체면이나 주위 평판에 자신의 내일을 내맡긴 결과겠지. 직장에서 하루하루 보내는 일이 지겹고 싫은데, 만나는 이와 마음을 맞출 수 없는데, 어떻게 그 직장에서 오래 견딜 수 있겠니? 결혼하고 아이를 낳아 키우느라 하는 수 없이 직장에 묶이지만, 더는 자신을 속일 수 없겠지.

비록 취직 또는 결혼을 위한 준비 기관으로 퇴색했어도, 대학은 말 그대로 큰 공부를 하는 곳이란다. 고등학교나 직업학교에서 배울 수 없는 분야를 마음껏 배우는 곳이 대학인 거야. 물론 어느 정도 지식을 갖춘 이를 원하는 직장이 있고 대학에서 배운 지식을 직장에서 활용하는 경우가 많지만, 자신이 평생 행복하게 공부할 분야를 찾는 곳이 대학이야. 하지만 대학이 인생의 모든 공부를 책임지는 곳은 아니야. 실제 살아가는 데 필요한 공부는 대학 밖에서 훨씬 많이 배우는 거 같아. 적어도 고모부의 생각이 그렇고, 경험도 그렇단다.

생물학으로 박사 학위도 받았지만 환경운동하는 데 학위가 그리 중요하지 않더라. 현장에서 보고 듣고 이야기하고 배우며 느낀 것이 훨씬 많았어. 또 그런 경험을 토대로 글을 쓰면서 더욱 많이 배운단다. 어쩌면 대학에 입학하지 않아도 충분히 그런 활동을 할 수 있었을지 몰라. 실제로 많은 이들이 대학을 졸업하지 않고도 환경운동을 열정적으로 하고 있어. 어떤 대학인가, 무슨 학과인가보다, 자신이 찾아낸 공부처럼 중요한 것이 없다는 이야긴데, 요는 그런 공부는 굳이 대학을 들어가지 않아도 스스로 충분히 할 수 있다는 거지.

책과 자연에 답이 있단다

자신의 길을 묵묵하게 나가는 친구와 선후배 이야기도 해 볼까? 겉모습으로 자격을 부여하는 현실에서 다소 억울하거나 어려움을 겪더라도 자신이 선택한 길이기에 행복하다고 그들은 답해. 어렸을 때 선택한 자신의 첫 방향에 실패했어도 한 발 한 발 수정하면서 행복한 일상을 누리는 이도 있어. 그들은 시행착오가 인생의 발판이 되었다고 말한단다. 현실의 어려움 때문에 펼칠 수 없었던 자신의 이상을 나중에, 기회를 만들며 찾아가는 사람도 있어. 교수로 자리 잡은 게 아니니까 대학에서 제자를 키우지 못하지만 많은 곳에서 여러 사람을 만나 강연과 토론을 하는 고모부도 그런 사람 중의 하나라고 생각해.

난 네 사촌 형들에게 미안하단다. 고모부가 자랄 때는, 주변에 논도 밭도 많았고, 자연은 숨 쉬고 있었어. 자연에서 내달리며 호흡하고, 자연과 함께 어울리는 즐거움을 만끽할 수 있었지. 들판이 가깝고 산이 멀지 않은 곳에 사는 동희는 짐작하겠지만 지금은 아니잖니? 자연이 가까울 때 사람들은 자연의 이웃들이 받는 고통을 외면하지 않았는데, 우리는 너무 오래 자연을 떠나 살고 있구나. 이제 자연의 소식은 물론 느낌마저 잃어버렸어. 그러다 보니 우린 이웃의 고통에도 관심을 기울이지 못해. 오직 속도와 목표만이 가치를 독점하는 사회에 살면서 우리는 이웃을 잃었나 봐. 그래서 현재의 자기만 유별나게 여겨. 자신의 내일, 후손의 건강을 소중하게 살피지 못하지. 그 결과 우리 환경은 엉망이 되었구나. 이런 삭막한 환경을 물려줄 수밖에 없으니, 난 네 사촌 형들에게 미안한 거야. 물론 동희에게도 미안하지.

고모부는 어려서부터 책을 손에서 놓지 않은 소설가를 한 분 알고 있단다. 형제가 많은 가난한 집에서 막내로 태어났는데, 그이의 부모는 그를 믿었다는구나. 공부를 거의 하지 않고 들로 산으로 뛰어다니면서도 책을 읽었던 그는 신춘문예에 당선된 문필가답게 비평가의 호평을 받은 소설도 여러 편 발표했지만 지금은 환경운동을 해. 소설로 환경운동을 하다 이젠 읽는 이의 마음을 움직이게 하는 글을 쓰려고 한다는구나. 그의 환경운동 방식이야. 물려줄 환경이 열악

하다는 사실 때문에 환경운동을 멈출 수 없다는 프랑스의 농부, 피에르 라비와 비슷한 생각이겠지. 책을 읽고 글을 쓰면서, 사람을 만나고 농사를 지으면서, 생각이 깊어진 이들의 자연스런 행동이 아닐까 싶어.

요즘 지하철에서 책 읽는 젊은이를 만나기가 아주 어려워. 만화책 보는 이도 드물다니까! 어쩌다 교양 서적을 읽는 젊은이가 보이면 반갑게 인사하고 싶어지지. 몇 해 전에 한 번 보았어. 반가운 마음에 왜 읽는지 물어보려 했더니 이어폰을 끼고 있어서 얼른 알아듣지 못하더구나. 그는 과제물 때문에 읽는 거라고 말하더군. 이후 지하철에서 책 읽는 젊은이 찾는 걸 포기했어. 대신 스마트폰을 만지작거리는 젊은이는 부쩍 늘었지. 물론 스마트폰으로 깨알 같은 글도 보고 책을 읽을 수 있겠지. 하지만 그 글자들은 머리에 오래 남을 거 같지 않구나. 화려하게 변하는 스마트폰의 화면은 글쓴이의 마음까지 헤아려 주는 건 아닐 거야. 밑줄 긋고 앞뒤 페이지를 넘기며 읽을 때와 아무래도 다르지 않겠니? 동희야, 네 아버지처럼 책을

DRAW YOUR DREAM
재미와 감동으로
평생을 행복하게
수 있는 일

손에서 놓지 않는다면 장차 어떤 일이든 어렵지 않게 해결할 수 있단다. 무엇보다 자신이 할 일을 잘 이끌게 도와주지. 자신감 같은 게 생기는 거야.

학생은 공부가 제일이라는 어른들의 말. 대체로 옳다는 거, 너도 알지? 하지만 내 내일의 그림을 스스로 그리는 공부, 이게 열네 살 때 가장 중요하다고 고모부는 생각해. 공부하면서 새로운 걸 알았을 때 기쁘지. 하지만 더 기쁜 건, 내가 모르는 게 무엇인지 알았을 때란다. 그때 비로소 무엇을 어디에서 더 찾아야 하는지, 누굴 만나 어떤 이야기를 나눠야 하는지 알게 되지 않겠니? 구해 읽어야 할 책이 무엇인지 알 수 있을 거야. 시행착오 또한 공부가 돼.

어떤 아버지는 학교에 갇혀 있는 아이의 손을 잡고 자연으로 나가라고 제안하더구나. 아이를 그냥 자연에 방치하라는 거야. 자신에게 즐거운 게 무엇인지 스스로 알아 가도록 놔두라는 뜻이지. 도시 뒷골목에서 자동소총의 소리를 구별하는 미국의 청소년과 들로 산으로 쏘다니며 새와 꽃을 구별하는 청소년, 어떤 아이의 내일이 건강할지 굳이 이야기하지 않아도 되지? 싫든 좋든, 고등학교에 진학하면 대학을 생각하지 않을 수 없는 우리 현실에서, 동희는 중학교 다닐 때 많은 경험을 쌓았으면 좋겠어. 산과 들로 쏘다니는 거, 고모부는 적극 응원할게. 그리고 먼저 경험한 이의 책도 좋겠지. 요는 동희 인생의 그림을 동희가 그리라는 거야.

교육행정을 하는 분들은 중학생을 끼인 세대라고 하더구나. 하지만 고모부는 그때가 가장 야무진 시절이라 생각해. 자신이 하고자 하는 일에 열중할 수 있으니까 동희는 열네 살을 마음껏 즐기기 바란다. 어느 대학을 졸업했는가에 따라 결정되는 직장이나 거래되는 결혼이 행복으로 안내하는 지름길이라고 생각하지 않아. 대학에 가든 아니든, 자신의 내일을 스스로 그려 나가길 바란다. 고등학교에 들어가기 전에 자신의 내면을 들여다보길 권해. 재미와 감동으로 평생 행복하게 살 수 있는 일이 무엇인지 찾아야지. 네 인생의 하얀 도화지는 지금 넓게 펼쳐져 있단다. □

박상륭

청소년문학에 관심과 애정이 많아 계간 『청소년문학』의 편집 주간을 오랫동안 맡았으며, 국내 청소년문학의 물꼬를 튼 작가, 청소년문학의 대가, 청소년문학의 원조, 청소년문학의 효시 등 수많은 수식어로 불리는 작가입니다. 지은 책으로 시집 『진도 아리랑』, 『배고픈 웃음』, 『하늘산 땅골 이야기』, 희곡집 『풍경 소리』, 산문집 『청소년문학의 자리』, 장편소설 『봄바람』, 『나는 아름답다』, 『밥이 끓는 시간』, 『방자 왈왈』, 『불량 청춘목록』, 동화 『까치학교』, 『미리 쓰는 방학 일기』, 『구멍 속 나라』, 『내 고추는 천연기념물』, 『개조심』, 『자전거』 등이 있습니다.

내 이름은 소녀

"'너 자신을 알라'를 들먹여 유명해진 철학자 소크라테스는 당시에 청소년에게 무척 위험한 인물이었다. 마침내 그는 젊은이들을 쓸데없는 쪽으로 현혹시켰다는 죄목으로 붙잡혀 사형을 당했다. 그는 젊은이들로 하여금 자기 자신을 알게 해 주고 싶었다. 그래서 묻고 또 물었다. 그는 문제 속에 답도 있다고 생각하고 계속 질문을 던진 것이다. 왜 그랬을까?"

— 박상률

내 이름은 소녀라니? 노래를 부른 이는 어른 여자인데? 과거에 소녀였다는 얘기인 것 같은데 소녀 취향을 아직도 가지고 있나? 소녀 취향? 그게 뭔데? 그런 게 있어. 뭐든 예쁘게 간직하려 하고 감상적인 느낌으로 보는 것 말이야…….

어른 여자들은 자신의 가장 좋았던 시절을 '소녀 시절'이었다고 생각하는 듯하다. 그래서 이런 노래도 만들어 부를 것이다. 일단 노래부터 들어 보자.

내 이름은 소녀 꿈도 많고

내 이름은 소녀 말도 많지요
거울 앞에 앉아서 물어보며는
어제보다 요만큼 예뻐졌다고
내 이름은 소녀 꽃송이같이
곱게 피며는 엄마 되겠지

내 이름은 소녀 꿈도 많고
내 이름은 소녀 샘도 많지요
거리마다 쌍쌍이 걸어가며는
그림자 깨워서 짝지우고
내 이름은 소녀 꽃송이같이
곱게 피며는 엄마 되겠지

〈내 이름은 소녀〉, 조애희 노래

소녀를 소년이라 해도 마찬가지일 터. 굳이 남녀를 따질 건 없을 것이다. 그 나이 대의, 청소년들의 마음은 남녀불문하고 위 노랫말에 다 들어 있으니까.

먼저 꿈이라는 말. 그럴싸해 보인다. 소녀 땐 누구

나 꿈이 많다고 한다. 소년은 꿈을 크게 가져야 한다고 한다. 내가 십 대였던 시절에는 'Boys, be ambitious!'라고 영어 참고서마다 앞부분에 이 말을 넣어두고 어린 청춘들을 세뇌시켰다. 해설란엔 '소년들이여, 야망을 크게 가져라!' 혹은 '소년이여, 대망을 품어라!'고 씌어져 있었다. 여기서 말하는 야망, 대망은 물론 꿈이렷다! 19세기 미국의 한 교육자가 일본의 근대화를 도우러 일본 어떤 학교에 와서 가르치다가 떠날 때 일본 학생들에게 남김으로써 유명해진 말이다. 그 나이 때는 꿈을 많이 꾸어야 하며, 그 꿈은 반드시 이루어진다고 했다.

그런데, 그런데 말이다. 꿈은 언제 꾸는가? 잠을 잘 때 꾼다. 그렇다면 꿈을 꾸기 위해 밤낮 잠만 자면 되나? 물론 여기서 말하는 꿈은 희망이나 소망을 말한다는 걸 모르지 않는다. 잠을 자면 꿈이야 꾸어지겠지. 하지만 잠만 잔다고 꿈이 이루어지진 않는다. 꿈은 깨어 있어야 이루어진다.

어른들은 꿈을 많이 꾸라고 말한다. 어렸을 때는

꿈이 커야 한다고 말한다. 그래서 아이들은 다들 대통령이 꿈이고 장군이 꿈이다. 그런데 나는 꿈을 깨자고 말하고 싶다. 대통령이, 장군이 잠만 잔다고 이루어질까? 그리고 그런 게 되고 싶은 게 꿈이라면, 참 슬프다.

나는 꿈을 깨고, 깨어 있는 지금 이 순간 몰입할 수 있는 일에 빠지자고 말하고 싶다. 그래야 꿈이 이루어질 것이다. 얼토당토않은 말처럼 느껴진다고? 진짜 그렇게 느껴지나? 꿈은 잘 때 이루어지지 않는다. 깨어 있어야 이루어진다. 깨어 있는 순간순간 자기가 할 수 있는, 혹은 해야 하는 일에 몰입해 있어야 꿈이 이루어진다. 나중에 뭐가 되겠다, 무엇을 이루겠다, 이런 생각도 할 필요가 없다. 순간순간 몰입해서 자신의 전부를 다 바쳐 빠져든다면 그 사람은 반드시 뭐가 되어도 될 것이다. 그렇게 순간순간을 열심히 살면 서른쯤 되었을 때 그 사람이 될 수박에 없는 최대치의 무엇이 될 것이다. 그게 꿈을 이루는 것이다. 그러니 뭐가 되고 싶다, 되어야 한다라고 스스로에게 압박을 줄 일이 아니다. 그저 이 순간순간을 놓치지 않고 빠져들어 살면 그만이다.

어른들은 자신이 못 이룬 꿈을 자녀에게 덮어씌우는 것 같다. 치맛바람 같은 것도 그런 까닭에 일어날 것이다. 그러니 소녀들은 꿈만 꾸지 말고 자신이 스스로 꿈을 이루어야 한다. 그래야 나중에 자녀를 달달 볶는 어른이 되지 않는다. 꿈을 이루기 위해선, 역설 같지만, 꿈에서 깨어나시라!

우리말에 죽도 밥도 아니라는 말이 있다. 뒤죽박죽으로 혼란스럽게 되어 이도저도 아니라는 얘기다. 꿈이 이런 것 아닐까? '나, 이렇게 되고 싶어, 되고 싶다니까!' 하면서 꿈만 꾸고 있으면 오히려 꿈과 현실이 뒤죽박죽 얽혀 죽도 밥도 아니게 되어 결국은 아무것도 될 수 없다.

서양의 어떤 작가는 자신의 묘비에 "우물쭈물하다 내 이럴 줄 알았지"라고 쓰게 한 사람도 있다. 이 일 하면서 저 일 생각하고, 저 일 하면서 이 일 생각하면, 죽도 밥도 안 되고 평생 우물쭈물하다 결국은 죽

어 묘지 안에 누워 있게 된다는 얘기이다. 물론 그 작가는 오래 살았고 사는 동안 누구보다 열심히 살았다. 그런데도 그렇게 느껴지더라는 얘기이다.

문학은 꿈을 꾸게 해 준다. 인간은 백 년을 살아도 다른 사람의 생을 다 살아 볼 수 없다. 그런데 문학은 여러 사람의 인생을 살게 해 준다. 그런 점에서 꿈을 꾸게 해 준다는 뜻이리라. 내가 되지 못한 다른 사람, 다른 사람의 삶을 누려 보게 한다. 어찌 보면 문학의 꿈은 이루지 못할, 이뤄지지 않는 꿈이다.

나아가 문학이 진실로 관심을 갖는 건 성공한 삶이

나 승리자의 이야기가 아니라 실패자 내지는 약자의 모습에서 나오는 이야기를 그려 내는 것이다. 좌절된 꿈, 실패했다고 느끼는 약자의 고통스런 삶을 문학에선 즐겨 다룬다는 말이다. 문학에선 고통이 고통으로 끝나지 않고, 실패가 실패로 끝나지 않는다. 문학은 비극을 통해서도 영혼의 성장을 이루고자 한다. 현실의 꿈만이 꿈이 아니라는 얘기이다.

노래는 소녀 시절엔 말도 많다고 한다. 맞다. 소녀는 말이 많다. 쫑알쫑알, 하루 종일 지저귀듯 말을 한다. 내 보기에 어떤 소녀들은 학교를 수다 떠는 재미로 다니는 것 같다. '수다로 푼다'라는 말도 있지만 수다는 본질적으로 '쓸데없는' 말이다. 하나 마나 한 말이라는 얘기다.

근데 소녀들이 말만 많나? 웃음도 많다. 우리 또래가 자랄 때를 예로 들면 소녀들은 발밑에 떨어지는 낙엽만 봐도 까르르, 발길에 차이는 말똥만 봐도 까르르, 했다.

소녀 시절에 말이 많고 웃음이 많은 건 본 대로 말

하고 느낀 대로 웃는다는 것 아닐까? 길들여진 선입견 없이, 머리 터지는 계산 없이 즉각 터져 나오는 말과 웃음! 이건 그 시절을 사는 이들의 특권인지 모르겠다. 재고 또 재면서 사물의 본질을 놓치는 게 아니라, 현상을 보자마자 바로 본질을 꿰뚫어 보기에 말과 웃음이 터져 나오는 것이리라.

소녀 시절엔 말과 웃음에 이어 눈물도 많다. 떨어진 낙엽 위에 비만 내려도 눈물. 말똥이 발에 차여 길가로 밀려나도 눈물이다. 눈물 역시 순수할 때 나온다. 선입견이나 계산이 앞서면 절대 나오지 않는다. 그래서 열네 살의 말과 웃음과 눈물은 순수하다. 여기까지는 잘 왔다. 잘 컸다. 문제는 지금부터다.

노래는 소녀를 이제 거울 앞으로 끌고 간다. 소녀는 거울 앞에서도 입을 다물지 못한다. 거울을 보며 자신의 모습을 본다. 그 모습이 경이로워 물어본다. 거울에게 물어보는데, 거울 속의 모습은 이 세상에 비친 자신의 모습이다.

자신의 모습이 얼마나 예쁘냐고 물어보면 거울은

어제보다 요만큼 더 예뻐졌다고 대답한다. 그만큼 성장한 것이다. 물론 혼자 묻고 혼자 대답한다. 자신의 성장을 거울이 알고 있다. 아니, 자신이 더 잘 알고 있다. 다만 거울을 통해 확인하고 싶어 한다.

소녀 시절엔 알게 모르게 인정 욕구가 발동한다. 남에게서 듣지 못하면 거울을 보며 하다못해 자기 스스로라도 자신을 인정해야 한다. 요즘 말로 하면 '자뻑(?)' 정도가 되겠다. 못 말리는 소녀 시절! 노래에선 예뻐졌다고 했지만 소녀는 이제 점점 어른 쪽에 가까워진 것이다. 그래서 더 성장하면, '꽃송이같이 곱게 피며는 엄마 되겠지'라고 노래한다.

아, 엄마가, 어른이 그렇게 되고 싶을까? 소녀 시절엔 다 그렇다. 빨리 나이 먹어 어른이 되어 버리고 싶다. 어른만 되면……, 어른만 되면, 하고 읊조린다. 지금 당장 어른이라면 하고 싶은 게 너무 많다. 노래에선 기껏해야 '엄마' 되겠지라고 했지만 엄마는 어른의 다른 이름이다. 더구나 어른이 되는데 '곱게' 피어야 된다.

사실 말이지 소녀 시절엔 무조건 곱게 피는 것만이 능사는 아니다. 곱게 핀다는 건 어른들이 정한 기준에 따라 자신을 구겨서라도 맞추어 주는 걸 뜻한다. 그보다는 생긴 본성대로 자신의 모습을 직시하고 개성 있게 자라야 한다. 어른들이 정해 놓은 기준에 억지로 맞추어야 하는 건 아니다.

인간은 화분 속에 갇혀 이리 뒤틀리고 저리 뒤틀리며 자라야 하는 분재가 아니다. 자연 그대로 사는 게 순리인 존재이다. 그런데 좁다란 화분에 갇혀서 가지를 철사로 이리저리 동여맨 상태로 굳어져야 하는 분재 같은 존재가 인간이라면 어떻겠는가? 더 이상 키도 자라면 안 된다. 더 이상 잔가지, 곁가지도 생기면 안 된다. 오로지 분재 주인이 원하는 모습으로만 자라야 한다라고 하면 어떻겠는가? 소녀는 그래서는 안 된다. 어른들이 미리 정해 둔 기준에 맞추다 보면 기형아가 되고 만다.

분재란 게 사실은 기형적인 나무이다. 자연스레 자라는 대로 나무를 둔 게 아니다. 어떤 사람들은 어른의 보호를 말한다. 아직 어리기 때문에 청소년은 보호가 필요하다. 그래서 이런저런 건 하지 말고, 말을 잘 들어야 한다라고 강변한다. 그러나 그건 보호가 아니고 간섭이다. 진정한 보호는 개성을 발휘할 수 있게 뒷받침만으로 그쳐야 한다. 알고도 속고 모르고도 속으며 소녀가 자라는 것을 바라봐 주어야 한다.

어른은 곧잘 자신의 청소년 시절, 즉 올챙이 시절을 잊어 먹는다. 자신이 지금은 개구리이지만 과거엔 올챙이였다는 것을 곧잘 까먹는다. 처음부터 개구리였다고 느끼는 것이다. 그래서 올챙이에게 가혹할 수밖에 없다. 물론 올챙이는 보호가 필요하다. 물이 있는 연못이나 웅덩이 밖으로 나가면 위험하다는 걸 알려 주어야 한다. 연못이나 웅덩이 밖의 개구리를 보고 흉내를 내면 위험하다는 걸 알게는 해 주어야 한다. 그러나 자신도 올챙이 시절에 물 밖으로 나가고 싶어 했다는 걸 한순간도 잊어서는 안 된다. 그러면 강압적인 어른이 된다. 올챙이인 열네 살을 이해하려면 자신의 올챙이 시절을 떠올리면 된다.

어른들이 만들어 준
화분은 너무 작아
꿈 화분

노래 2절을 듣는다. 소녀는 꿈도 많지만 샘도 많단다. 소녀 시절은 그렇다. 자기 자신의 속내를 굳이 숨기지 않는다. 샘이 나면 곧장 샘을 내고 만다. 질투라 해도 상관없다. 좋은 건 좋고, 싫은 건 싫다. 부러운 건 부러운 거고, 지겨운 건 지겨운 거다. 이렇게 즉각적인 반응을 보일 수 있는 건 순수한 까닭이다. 그런데 어른들은 그러면 못쓴다고 가르친다. 자기 감정을 감출 수 있어야 한다고 점잖게 타이른다. 그러나 감정을, 의견을 억누르기만 하면 이미 길들여진 존재이다. 길들여진 애완동물이다. 사람은 애완용이 아니다!

아 그런데 어른들은 어른이 되는 걸 남녀가 당당히 어깨를 같이하고 거리를 걸어가는 것이라고 생각하는 모양이다. 그렇지 않고서야 '거리마다 쌍쌍이 걸어가며는'이라는 노랫말이 나올 수 있겠는가? 기껏 자란 소녀가 엄마 되기 위해 꽃송이같이 곱게 피어야 할까? 소녀티를 애써 던지고 굳이 어른 흉내를 내야 하는 걸까?

예전의 열네 살 소녀는 어른 되는 게 기껏 좋은 엄

마, 아니 멋진 연인이 되는 것이었는지 모른다. 그러니까 어른 여자 가수도 그렇게 노래했겠지. 우리 또래가 열네 살일 땐 그랬다. 뭐든 어른들이 만들어 준 틀 안에서 어른들이 정한 규격품으로 자라야 했다. 그러니 내남없이 개성이 없었다. 전부 똑같은 기계에서 나온 상품 같았다. 그러니 장래 꿈이 뭐냐고 물을라치면 다 똑같은 대답을 했다. 꿈도 천편일률적으로 같았다. 그러나 모든 열네 살이 같은 꿈을 꿀 수는 없다. 꿈이라는 게 사람마다 다 다를 텐데, 공산품처럼 공장에서 기계로 찍어 내는 것이 아닌데 어찌 똑같을 수가 있겠는가? 더구나 꿈이 꾸는 것만으로 그치지 않고, 꿈을 이루기 위해선 깨어 있어야 하는 것 아닌가!

시대가 아무리 바뀌어도 바뀌지 않아야 할 것은 청소년을 억압하는 것에서 벗어나는 것일 거다. 억압은 자유로운 사고를 불가능하게 함으로써 오로지 명령하는 자와 명령을 이행하는 자만 존재하게 한다. 자유로운 사고가 막히면 개인의 상상력은커녕 사회 전체적으로도 숨이 막혀 개인은 물론 사회도 죽게 된다.

'너 자신을 알라'라는 말은 본디 아테네 델포이의 아폴론 신전 기둥에 적혀 있었다. 그러나 소크라테스가 들먹이기 전까지는 아무도 관심을 갖지 않았다. '너 자신을 알라'를 들먹여 유명해진 철학자 소크라테스는 당시에 청소년에게 무척 위험한 인물이었다. 마침내 그는 젊은이들을 쓸데없는 쪽으로 현혹시켰다는 죄목으로 붙잡혀 사형을 당했다. 그는 젊은이들로 하여금 자기 자신을 알게 해 주고 싶었다. 그래서 묻고 또 물었다. 그는 문제 속에 답도 있다고 생각하고 계속 질문을 던진 것이다. 왜 그랬을까? 네 꼬라지(너 자신)를 깨닫게 해 주고 싶어 그러지 않았을까? 우리 모두 스스로를 알아야 한다. 열네 살 땐 더욱!

공자는 왜 요새 젊은이들은 예의가 없다고 했으며, 알타미라 동굴 벽에는 왜 요즘 젊은이들은 버르장머리가 없다고 적혀 있을까? 이는 아마 어른의 자리에서 볼 때 젊은이들이 위험해 보여 그랬을 것이다. 이미 기득권을 쥐고 있는 어른 처지에서 보자면 젊은이들이 제멋대로이고 아주 위태로워 보였을 것이다. 젊은이들의 행동이나 말투 모두 어른들에겐 불쾌감을 주었는지 모르겠다. 역설적으로 이 일화는 아주 오랜 옛날에도 젊은이들은 고분고분하지 않는 것을 바탕에 깔고서 어른을 대했다는 것이다. 공자조차 젊은이가 불편했다는 얘기이고, 알타미라 동굴에 산 원시의 인간들도 젊은이가 불편했다는 얘기이다.

그렇다. 옛날이나 오늘날이나 젊은이는 절대로 어른에게 고분고분하지 않다. 어른의 입맛에 맞추어 행동하는 게 아니라는 얘기다. 어른의 입맛에 맞게 행동하지 않는 것. 그게 젊은이들의 특권인지도 모른다. 그러나 그렇다고 그게 바로 일탈은 아니다. 다만 어른 입장에서 보자면 위태로워 보이거나 기분이 상당히 상할 일일 것이다.

열네 살. 옛 어른들은 물론 오늘날 어른들 보기에도 위태로운 나이 대를 산다. 그래서 어른들은 열네 살이 불편하다. 우리 또래가 열네 살일 때에도 그랬다. 그런데 그때 열네 살이던 소녀 소년이 이제 다 어른이 되었다. 자기 자신도 열네 살을 겪었으면서 그 열네 살 자녀가 불편하기는 마찬가지다. 이미 어른, 기성세대가 되어 버린 것이다. 다시 말해 올챙이 시절을 잊어버린 개구리가 된 것이다.

노래에서도 결국은 예쁜 꽃송이로 곱게 피어난 소녀를 원했다. 내 또래가 청소년이었을 때 불린 옛날 노래라 그럴까? 그렇지 않을 것이다. 그 시절에는 최신 노래였던 이 노래를 듣고 자란 지금의 어른들도 열네 살 소녀는 그저 얌전히 지내기를 원할 것이다.

노랫말엔 거리에 쌍쌍으로 걸어가는 연인이 부러워 내 그림자를 깨워서까지 짝으로 하고자 한다. 그러면서 오로지 고운 꽃송이로 피어나기만을 바란다. 꽃 한 송이를 피우기 위해 모진 비바람은 물론 꽃대를 올리는 순간부터 안으로 겪어야 하는 어려움도 많을 것이다. 노래에선 그렇게 자라 기껏 엄마가 되자고 한다. 엄마, 아니 어른 되는 게 소녀의 꿈은 아니지 않은가?

젊은이의 특권은 기성세대에 쉽게 편입되지 않는 것이다. 물론 기성세대를 그대로 따라하는 게 더 편한 소녀 소년도 있겠지만 그들은 어찌 보면 스스로 사는 게 아니라 사육되는 것인지도 모른다. 기성세대의 입맛에 맞는 음식만 먹고, 눈높이에 맞는 재주를 보여 줌으로써 그들을 안심시키는 것인지도 모른다. 그러나 그런 소녀 소년일수록 사육장을 벗어나면 더 걷잡을 수 없는 혼란에 빠지게 된다. 자연스러움에 대한, 자신의 본성에 대한 항체가 전혀 형성되어 있지 않기 때문이다.

열네 살을 제대로 살기 위해선 스스로에게 맞는 면역체계를 갖추어야 한다. 스스로를 건강하게 해 주는 면역이 무엇일까? 눈 감고 현실을 애써 외면하면서 그저 꿈만 꾸며 잠꼬대 같은 소리만 하고 있는 걸까? 아닐 것이다. 꿈을 깨고 나와 현실을 정면으로 보듬어 안고서 기성세대인 어른들의 사고와 사회 전체의 분위기에 균열을 내는 것이다. 기성세대로 이루어진 사회는 처음엔 그 균열을 못 견뎌 할 것이다. 그러나 그 틈은 점점 커져 나중엔 대세가 될 것이다. 열네 살의 청춘들은 대세가 된 그 틈을 지키고 받치며 버텨 나아갈 세대이다. 그럼에도 나중엔 스스로 또 기성세대가 되고 만다. '나 클 땐 말이야…….' 이런 소리 지껄이지 않으려면 올챙이 시절을 까먹지 않는 개구리가 되어야 한다.

열네 살 청춘들이여, 꿈에 취해 꿈만 꾸지 말고 꿈에서 깨어나시라. 꿈에서 깨어나는 일은 현실 속에 자신을 용감히 내던지는 일이다. 열네 살 청춘들이여, 현실을 정면으로 보듬고 뒹구시라.

나의 문학은 열네 살 청춘을 응원할 것이다. 내 몸속에 있는 열네 살을 잘 구슬리며 나는 오늘도 열네 살의 삶을 적는다. 그들이 읽을 작품을 쓰는 것이다. 어차피 인간은 백 년을 산다 해도 다른 사람의 삶을 다 살아 볼 수 없다. 그러나 책 속에선 가능하다. 이건 꿈이 아니다. 열네 살 청춘들이여, 진정한 의미의 'Boys, be ambitious!'이다. 기왕이면 꿈을 크게 꾸시라! □

안건모

1958년 서울에서 태어나 1985년부터 20년 동안 서울에서 시내버스와 좌석버스 운전을 했습니다. 1997년 「시내버스를 정년까지」라는 글을 써서 전태일문학상 생활글 부문에서 우수상을 받았고, 그 뒤로 버스 운전을 하면서 겪은 일들을 『한겨레신문』과 월간 『작은책』에 연재했습니다. 지은 책으로 『거꾸로 가는 시내버스』가 있으며 현재 월간 『작은책』의 발행인 겸 편집인으로 일하고 있습니다.

내 인생의 멘토

"올바른 역사를 알게 되니까 내가 못나서, 못 배워서 가난하게 살고 있는 것만은 아니라는 것을 알게 되었어. 잃어버린 자존감을 찾았지. 노동자의 권리도 깨달았어. 버스 운전을 하면서 월급을 안 주는 못된 사장들과 싸우고 휴가도 찾아 쓸 수 있었어. 내가 그런 책들을 보지 않았다면 나는 사장이 월급을 안 줘도 휴가를 안 줘도 굽신거리며 살았겠지."

—안건모

버스 운전기사와 출판사 대표

변산공동체 이야기부터 해야겠다. 여기는 전라북도 부안군 변산면이라는 곳에서 공동으로 모여 농사를 짓고 그 농산물로 먹고사는 사람들이 모여 있는 곳이란다. 그곳에선 대안학교도 운영하고 있어. 그 대안학교는 인가를 받지 못해 졸업해도 나라에서 졸업장을 인정 안 한단다. 그곳에 다니는 학생들은 초등학생 말고 고등부 열세 명, 중등부 열아홉 명이 있어. 모두 열세 살에서 열아홉 살 사이야. 나는 아이들을 가르치는 일은 여기서 처음 해 봐. 그런데 가르쳐 보니까 정말 재미있어. 그 아이들은 일반 학교 다니는 아이들보다 오히려 글을 잘 써. 그럴 수밖에 없지. 일반 학교에서는 오로지 대학을 가기 위해 외우기 교육을 하고 있기 때문이지. 여기 아이들은 그런 공부를 하지 않고 자유롭게 책을 보고 자기가 배우고 싶은 것만 배운단다. 그리고 하고 싶은 이야기들을 마음껏 뱉어 내지.

그런데 그 아이들에게 '살아온 이야기'를 쓰게 해 봤어. 나중에 이 아이들 살아온 이야기를 모은 책이 나올지도 몰라. 경험이 만만치 않더구나. 일반 학교 다니는 아이들보다 굴곡이 많았어. 하지만 이 아이들은 농촌에서 땀을 흘려 일하는 농부들을 보면서, 또 스스로 농사일을 하면서 자기가 하고 싶은 공부를 하니까 몸과 마음이 건강해.

그런데 나는 어떻게 그곳에서 아이들 글쓰기를 가르치게 되었을까.

나는 본래 버스 운전기사였단다. 그것도 20년 동안이나 말이야. 어떻게 버스 운전하던 사람이 글을 쓰고 책도 내고, 잡지사 대표도 되고, 아이들 글쓰기도 가르치게 되었을까. 멘토가 있었지. 내 삶을 올바로 이끌고 세상을 알려 준 멘토 말이다.

나는 어떤 멘토를 만났을까? 가만있어 봐. 그걸 벌써 알려 주면 이 글이 무슨 재미가 있겠니? 영화나 만화도 결말을 먼저 알면 재미가 없는 법인 걸 너희들도 알지?

그보다는 먼저 내 소개를 해야겠구나. 나는 지금 나이가 쉰다섯 살이란다. '쉰다섯? 그럼 할아버지네' 하겠지만 너희들이 보면 할아버지로 안 보일 거야. 헐! 웃지 마라. 정말이야. 젊은 시절엔 아이돌 못지않았단다. 게다가 마음은 아직도 청소년 때 마음을 갖고 있단다. 그래도 너희들이 좋아하는 소녀시대나 인피니트 같은 가수들은 잘 모르고 리그오브레전드 같은 게임은 할 수 없지만, 늘 놀고 싶고 장난치고 싶은 마음은 똑같아.

나의 요즘 직업은 책을 만드는 출판사 대표야. 사장이라는 말인데 나는 그 말을 쓰기 싫더라고. 왜냐

면 사장이라면 큰 회사가 떠오르고, 일도 안 하고 돈도 많이 버는 사람이 떠오르거든. 내가 운영하는 회사는 일꾼이 나 말고 두 사람밖에 없고 월급도 쥐꼬리만 해서 사장 소리는 좀 뭐하더라고. 그래서 그냥 대표라고 하지.

무슨 책을 만드냐 하면 월간 『작은책』이란다. 월간이라고 하면 다달이 한 권씩 나온다는 뜻이야. 잡지라고도 하지. 왜 '작은책'이냐고? 무슨 깊은 뜻은 없어. 그냥 책이 작아서 그렇게 이름을 지었지. 『작은책』은 어떤 책이냐 하면 우리나라에서 가난한 사람들이 살아가는 모습을 보여 주는 책이야. 가난한 사람들은 누굴까? 노동자, 농민, 자영업자 들이지.

너희들 엄마 아빠는 무슨 일을 하니? 공장이나 회사를 다니는 사람들도 있을 거고, 시골에서 농사를 짓는 사람들도 있겠지? 이런 사람들이 다 노동자, 농민이란다. 또 조그만 구멍가게나 치킨 가게나 슈퍼를 운영하는 사람들도 있겠지? 이런 사람들은 자영업자라고 하는데 이들도 다 노동자에 속해. 아, 학교 선생님도 있고, 경찰도 있고, 소방수도 있고 교수도 있겠지? 그런 사람들도 다 노동자라고 하는 거야. 이 세상에서 일 안 하고 돈을 많이 버는 사람들 빼고는 모두 노동자라고 나는 생각해.

우리나라는 가난한 사람들이 많아. 그런데 그 가난한 사람들 소식은 잘 나오지 않는단다. 텔레비전 연속극에 많이 나온다고? 글쎄, 거기 나오는 사람들이 정말 가난할까? 가끔 어려운 사람이 나오긴 하더라. 그런데 그 사람들은 번번이 금방 성공해. 빵집을 차리면 금방 돈을 벌어서 큰 회사가 되는데 글쎄, 실제로 그렇게 되는 사람이 있을까? 현실에서는 불가능한 일이지. 『작은책』은 그런 가난한 사람들의 소식을 전해 주는 책이란다.

『작은책』이 처음 만들어졌을 때는 1995년이었어. 그리고 내가 여기에서 일하기 시작한 건 2005년부터란다. 지금부터 8년 전인가? 아까도 말했지만 난 그 전에는 버스 운전을 했어. 서울에서 무려 20년 동안 운전을 했단다. 너희들이 태어나기 훨씬 전 1985년부터 운전을 했단다. 서울 우이동에서 신림동 가는 버스도 운전했고, 경기도 고양시 일산에서 광화문 오는 좌석버스도 운전했지. 그런데 어떻게 버스 운전을 하던 사람이 책을 만들 수 있지? 책을 만들려면 글도 잘 써야 하고, 남의 글도 고칠 줄 알아야 하는데? 그뿐인가? 출판사 대표가 되려면 대학을 나와야 한다고 생각하겠지만 난 사실 대학교를 안 나왔단다. 고등학교를 중퇴했어. 게다가 나는 초등학교 졸업하고 열두 살 때부터 공장에서 일을 했어. 나는 생일이 빨라서 일곱 살 때 학교를 들어갔기 때문에 열두 살에 졸업했어. 내가 어떻게 살았는지 자세히 들어 볼래? 다른 사람이 살아온 모습을 보면서 나는 어떻게 살까 하고 길을 찾는 사람이 많단다. 나도 그랬거든.

희망을 잡아먹는 괴물, 가난

내가 초등학교를 다니던 때는 모든 사람이 가난했지. 나는 1958년에 태어났단다. 어떤 시기였을까? 너희들 6·25전쟁 알지? 남쪽과 북쪽이 갈라져 싸운 한국전쟁 말이야. 그 전쟁이 1950년에 터져서 1953년에 끝이 났단다. 전쟁이 끝난 자리는 참혹했단다. 폭격으로 잿더미가 된 이 땅은 집 없는 사람들 천지였어. 물론 우리도 집이 없었지. 그 전쟁이 끝난 지 5년 뒤가 1958년이지. 나는 그때 태어난 거야.

내가 어릴 때는 루핑 집이 많았단다. 루핑이라는 말, 모르는 친구들 많을 거야. 루핑은 아스팔트 같은 기름을 먹인 종이인데 나무기둥을 세우고 지붕을 루핑으로 덮은 집을 '루핑집'이라고 해. 텐트같이 생긴 거라고 상상하면 되지. 그런데 요즘 텐트는 정말 좋은 편이지. 옛날 내가 살던 루핑집은 비만 안 샐 뿐이지 거지 소굴이나 다름이 없었단다. 허리를 잔뜩 구부리고 들어가고 전깃불도 없었지. 게다가 바닥엔 쌀가마니를 깔았단다. 아, 요즘은 쌀가마니도 보기 힘들어졌어. 짚으로 만든 쌀가마니 말야. 거기 앉으면 얼마나 까칠까칠한지. 그때 우리 아버지는 닥치는 대로 일을 했어. 우산 고치는 일도 하고 양은 냄비 때우는 일도 하고, 남의 집 칼을 숫돌로 갈아 주는 일도 하고 집을 짓는 일과 아궁이 고치는 일도 했지. 상상이 안 되지? 아니 우산을 쓰다가 고장 나면 버리지, 그걸 고쳐? 양은 냄비 때우는 건 뭐고, 칼을 갈아 주는 일은 또 뭐지? 그땐 모든 물자가 귀해서 뭐든지 고쳐 썼단다.

아버지는 사는 게 힘들어서였는지 자식들에게 따뜻하게 대해 주지 않았어. 늘 큰소리치고 혼을 냈지. 심지어는 발가벗겨 놓고 혁대로 때리기까지 했어. 나는 어릴 때 겁이 많았는데 그렇게 맞고 나면 밤에 가위눌리곤 했어. 꿈에 누군가가 목을 조른다든가 꼼짝 못하게 해서 놀라는 걸 보고 가위눌린다고 하지. 무엇보다 아버지는 어머니를 많이 때렸어. 걸핏하면 밥을 먹다가 밥상을 뒤엎었지. 그런 아버지 밑에서 자랐으니 내가 정상으로 자랄 수 없었겠지. 아버지는 내가 학교에서 맞고 오기만 해도 혼을 냈어. "넌 손이 없니 발이 없니? 왜 같이 못 때려? 연필로 찍어 버리란 말야!" 하고 눈을 부라리면 너무 무서웠단다. 어느 날은 친구가 약 올리기에 정말로 연필로 가슴팍을 찍어 버렸단다. 그렇게 나도 난폭한 사람으로 변해 갔지. 그럴 때 학교 선생님이라도 자상했다면 얼마나 좋았겠니? 난 초등학교 때 몸이 무척 약했어. 그래서 학교를 잘 가지 못했어. 그때는 학교 선생 월급이 적어서 그런지 촌지를 대놓고 요구하던 때였어. 공부도 못한데다 집에 돈도 없어서 학교 선생한테 촌지도 못 주는 아이라 선생이 더 미워했을 테지. 그 선생은 늙은 '꼰대'였어. 하루는 결석하고 그다음 날 학교를 갔더니 종아리를 무지막지하게 때렸어. 얼마나 무서웠는지 몰라. 난 그때만 생각하면 지금도 그 선생이 미워. 만나면 한 대 쥐어박아 주고 싶어. 하지만 그 선생은 벌써 저세상 사람이 됐겠지. 내 나이가 벌써 쉰다섯이니까.

초등학교 때 나는 뭘 배웠을까. 요즘처럼 공부가 어렵지는 않았어. 그런데 그때는 박정희 독재 정권 때란다. 박정희가 누군지 알지? 일본군이 세운 괴뢰 만주국에서 일본군 소좌라는 계급을 달고 우리나라 독립군을 잡던 사람이야. 1961년에 군사쿠데타로 정권을 잡고 독재를 했던 아주 나쁜 사람이지. 이 박정희는 우리나라 국민들이 반항을 하지 못하도록 공포 정치를 했단다. 같은 민족인 이북을 말살해야 한다고 멸공 교육만 했어. 초등학교 때 배운 것 중에 기억에 남는 게 몇 가지 있어. 이북에서 내려온 무장공비가 "나는 공산당이 싫어요" 하고 외친 이승복 어린이를 입을 찢어 죽여 버렸다는 것도 배웠는데 그게 사실은 꾸며 낸 이야기라는 말도 있지. 아무렴 그 사람들도 인간인데 어린이 입을 찢어서 죽였겠니? 또 국민교육헌장이라는 게 있는데 그걸 외어야 했단다. '우리는 민족 중흥의 역사적 사명을 띠고 이 땅에 태어났다. 조상의 빛난 얼을 오늘에 되살려……' 이렇게 시작하는 국민교육헌장을 외우지 못하면 선생들에게 맞았어. 그런 모든 것이 오로지 같은 민족인 북한을 미워하도록 '멸공', '반공'이라고 하는 '이데올로기'를 세뇌하는 교육이었단다. 자유로운 생각을 하지 못하도록 강요한 거지.

그런 것만 배우고 나는 초등학교를 졸업했어. 나에게 삶의 길을 인도해 주는 멘토는 아직 만나지 못했지. 초등학교를 졸업하고 집이 너무 가난해 상급학교 진학을 할 생각을 못 하고 공장을 다녔어. 세상에, 열두 살 나이에 공장을 다니다니 너희들 상상할 수 있겠니? 그때는 그런 아이들이 많았어. 내가 들어간 공장은 의자를 만드는 공장이었어. 의자 다리를 사포로 매끄럽게 다듬고 칠을 하는 일을 했어. 너희들 혹시 그런 일 해 봤니? 난 어릴 때부터 그런 일을 했어. 그런데 그게 오히려 내가 커서 스스로 살아가는 데 무척 도움이 됐단다.

공장에서 한 6개월 일했을 거야. 그런데 사장이 월급을 떼먹고 도망가는 바람에 그만뒀단다. 공장에서 나와 신문을 팔았어. 그때는 신문사에서 신문을 받아다가 파는 아이들이 많았지. 신문을 옆구리에 끼고 "신문이요! 신문 사세요!" 하고 소리치면 사람들이 "어이, 신문!" 하고 불렀지. 서러워 울기도 많이 울었어. 그렇게 1년을 사회생활을 했어. 그러다가 공부를 하고 싶었어. 그래서 들어간 학교가 고등공민학교란다. 고등공민학교는 인가 난 정식 학교가 아니라 졸업하면 검정고시를 봐야 하는 학교야. 학교 들어가자마자 열심히 공부를 했어. 그런데 초등학교에선 만날 꼴찌만 하던 내가 일등을 도맡아 했단다. 역시 사람은 공부를 하고 싶을 때 해야 된다는 걸 그때 깨달았지.

그런데 그곳에서 만난 선생님들도 멘토로 삼을 만한 선생님은 없었어. 선생님들은 폭력만 썼지. 어떤 선생은 양손으로 뺨을 때리기도 했지. 그런 학교를 졸업하고 검정고시에 합격한 뒤 고등학교를 들어갔어. 그

학교도 폭력이 많기는 마찬가지였지. 그때는 학교 규율이 너무 세서 조금만 어겨도 몽둥이로 엉덩이를 맞았어. 교복을 입었는데 그 교복에 단추가 하나 떨어져도, 깜빡하고 모자를 안 써도 맞았지. 본받을 만한 선생님은 없었어. 결국 나는 2학년 초에 학교를 나와 버렸지. 그리고 여기저기 공장을 다니거나 건설현장에서 집 짓는 일을 하다가 군대를 갔어. 그때까지도 나는 멘토다운 멘토를 못 만난 셈이지. 이 세상을 잘 모르니 어떻게 살아야 옳은 건지 몰랐어. 제대하고 나서도 아무 생각 없이 건설현장에서 일했지. 그러다가 보통운전면허를 땄어. 아버지가 벽돌을 실어 나르는 화물차 운전 일을 소개해 줬지만 오래 버티지 못하고 나왔어. 그러다가 버스 운전을 할 수 있는 대형면허를 땄단다. 그렇게 해서 1985년부터 버스를 운전하게 된 거지. 건축현장에서 잡부로 일하는 것보다 고정 수입이 있으니 훨씬 좋았어. 그때 나이 스물대여섯 정도였지. 여자도 만나 결혼했고 방도 하나 얻었어. 홍제동 지하 월세방이었어. 방에서 곰팡내가 나는 것만 빼고는 그런대로 살 만했어. 뒷산에 올라가 축구도 하고, 바둑 책도 사 보고, 기원에 가끔 들러 바둑을 두기도 했지. 하지만 시내버스 운전은 쉬운 일이 아니었어. 복지 시설도 없었고 사고가 나면 언제든지 그만둬야 될 정도로 열악했어. 월급은 고정 수입이라도 건설현장보다 너무 적었어. 연장근로를 해도 돈을 모을 수가 없었지. 노동 여건이 무척 안 좋았지. 아내도 부업을 해서 돈을 모았어. 하지만 2년 동안 벌어도 전세방으로조차 옮길 수가 없었어. 왜냐하면 전세값도 그만큼 따라 올랐으니까. 노동자는 평생 벌어도 자기 집 한 칸 장만하기가 쉽지 않겠구나 하고 생각했어. 난 왜 세상이 이럴까 궁금했지. 대학을 못 나온 사람이라 어쩔 수 없다고 생각한 거야. 내가 못났기 때문이라고 생각했어. 그런 내가 변한 계기가 있단다.

드디어 멘토를 만나다

어느 날, 집으로 오는 골목길에 있는

주민독서실이라는 곳을 보았어. 그 주민독서실은 조그맣고 허름한 집을 전세 내 바닥에 장판을 깔고 벽에 책꽂이를 만들어 책들을 꽂아 두고 동네 주민에게 싼 값에 책을 빌려 줬지. 한 권 빌려 보는 데 300원이었나? 하도 싸기에 집에 올 때는 한 권씩 빌려 버스 운전을 하면서 보기도 했어. 나는 거기서 멘토를 만났단다.

뭔지 알겠니?

바로 책이었어. 내가 여태껏 봤던 책하고는 다른 책들이었지. 전에도 책을 많이 봤지만 그 책들 속에 나오는 이야기는 우리 삶하고는 동떨어진 이야기였어. 내가 그동안 봤던 책들은 우리가 사는 현실을 애써 외면했던 책들이었다는 걸 깨달았어. 세상의 구조를 알려 주지 않는 책들이었어.

처음, 내 마음을 울린 책은 『쿠바 혁명과 카스트로』라는 책이었지. 너희들 쿠바라는 나라 아니? 공산주의 국가라고만 알고 있던 그 사회주의 국가 쿠바가 사실은 나쁜 나라가 아니었어. 그런데 '혁명'이라는 말이 처음엔 좀 무섭게 느껴지긴 했지. '혁명'이라는 말이 박정희가 일으켰던 '쿠데타'라는 말과 비슷하게 들려서였던 것 같아. 하지만 쿠데타는 무력으로 정권을 빼앗는 일이야. 지배계급 내부의 단순한 권력 이동이지. 혁명은 불합리한 세상을 뒤집어엎는 거야. 체제 변혁을 목적으로 하지. 처음엔 나도 '혁명'이라는 제목만 보고 공연히 거부감이 생겨 무슨 책인가 훑어봤어. 만화책이었어. 그런데 첫 장에 "막대한 희생을 무릅쓰고서 마침내 승리를 쟁취한 쿠바의 민중에게 뜨거운 마음으로 이 책을 바친다"라고 쓰여 있었어. 쿠바라면 공산주의 국가에 카스트로라면 김일성만큼이나 무서운 독재자라고만 알고 있었고. 그런데 그 나라의 민중이 승리했다니…… 이상했어. 결국 나는 그 책을 봤지. 그러곤 엄청나게 충격을 받았어. 그 책은 내가 이 세상을 다시 보고 배우게 만들어 준 최초의 멘토였단다.

쿠바는 아주 옛날부터 스페인에게 지배당하고 있었어. 우리나라가 일본에 지배당했던 것처럼 말이야.

그런데 호세 마르티라는 걸출한 혁명가가 나타났지. 이 사람은 우리나라로 치면 안창호나 안중근 같은 사람이야. 이 호세 마르티는 열여섯 살 때 제1차 쿠바 독립 전쟁에 참가한 이후 쿠바 내에서 혁명을 시도했다 실패하자, 미국으로 망명했어. 그리고 1894년에 뉴욕에서 쿠바 혁명당을 조직한 뒤 돌아와 제2차 독립 전쟁을 일으켰어. 자기 나라를 찾겠다는 사람을 보고 훌륭한 사람이라고 하는 거 당연한 거지? 하지만 우리는 박정희 독재 정권 밑에서 가짜 교육을 받았기 때문에 이런 사람들이 나쁜 사람들이라고 알았지. 이 호세 마르티는 결국 제2차 독립 전쟁에서 스페인 군대와 싸우다 전사하고 말아. 하지만 그 사람 때문에 쿠바인들의 독립 의지는 더욱 뜨거워졌고, 이 힘을 모아 독립 전쟁에서 승리하게 된단다. 그런데 그 뒤로 미국이 다시 이 나라를 점령했단다. 난 이 책을 보기 전까지 미국이 정의를 사랑하는 나라인 줄만 알았어. 그런데 아니었어. 미국은 바티스타 같은 사람을 내세워 이 나라를 지배해. 바티스타는 우리나라로 치면 전두환 같은 독재자였어. 국민들은 가난에 허덕였지. 사탕수수 같은 자원이 많은 나라였는데 그런 데서 나오는 수입은 거의 미국이 빼앗아 갔어. 그때 나타난 사람들이 카스트로와 체 게바라였어. 이 사람들은 미국이 지원하는 바티스타 독재 정권을 무너뜨리고 결국 미국마저 쫓아내지.

난 이런 역사를 보고 우리나라 역사를 다시 생각해 봤어. 우리나라도 1945년에 일본을 쫓아냈지. 그런데 그다음 들어온 게 미국이었어. 미국은 정말 우리나라를 해방시킨 좋은 나라였을까? 글쎄, 학교에서는 그렇게 가르치니 너희들도 지금까지 그렇게 배웠을 테지. 하지만 우리나라 역사를 한번 공부해 봐. 우리가 알고 있던 역사는 거꾸로 된 역사였어. 나 또한 그런 사실을 몰랐지. 우리나라는 일본에게서 해방된 뒤 이북엔 소련군, 이남엔 미군이 주둔했는데 나중에 이북에서는 소련군이 물러났어. 하지만 우리나라는 아직도 미군이 주둔하고 있단다. 한미주둔군지위협정 같은 아주 불평등한 조약에 따라 말이야.

내 마음을 울린 책들이
나의 멘토가 되었지.
주민 도서관

나는 그 책을 본 뒤로 알고 싶은 게 너무 많아서 더 많은 책을 찾아보게 되었단다. 책 제목이 뭔지 몇 가지만 말해 줄까? 『태백산맥』, 『남미의 혁명가 체 게바라』, 『찢겨진 산하』, 『거꾸로 읽는 세계사』, 『노동의 새벽』, 『새는 좌우의 날개로 난다』…… 이런 책들이야. 나는 처음으로 멘토다운 멘토를 만났던 거야. 이 세상을 알려 주고 내가 어떻게 살아가야 하는가를 알려 주는 멘토 말이야.

올바른 역사를 알게 되니까 내가 못나서, 못 배워서 가난하게 살고 있는 것만은 아니라는 것을 알게 되었어. 잃어버린 자존감을 찾았지. 노동자의 권리도 깨달았어. 버스 운전을 하면서 월급을 안 주는 못된 사장들과 싸우고 휴가도 찾아 쓸 수 있었어. 내가 그런 책들을 보지 않았다면 나는 사장이 월급을 안 줘도 휴가를 안 줘도 굽신거리며 살았겠지.

내 나이 지금 쉰다섯. 되돌아보면 청소년 때 나에게 정말 올바른 스승, 아니 관심과 애정을 주는 어른이 단 한 사람만 있었어도…… 하는 아쉬움이 남는단다. 물론 아버지의 폭력에 시달리면서도 아낌없이 사랑을 주던 어머님이 있었기에 잘못된 길로 가지 않고 살았다고 생각해. 하지만 어머님은 그저 아들이 잘되기만 바라던, 성공하기만 바라던 분이었어. 이 세상이 어떤 세상인 줄 전혀 모르는 글자조차 읽지 못하는 분이었어.

지금 다시 되돌아보면 내가 처음 만난 멘토는 아이러니하게 폭력적인 아버지였던 것 같아. 내가 운전면허를 따고 난 뒤 처음으로 운전을 하게 해 준 아버지. 한마디로 나를 거친 사회에서 살 수 있게 만든 아버지였지. 서울시 응암동, 신사동, 구산동에 단독주택의 지붕을 고치고, 아궁이를 만들고 구들을 놓고, 벽지를 바르는 일을 아버지와 같이하면서 나는 많은 걸 배웠어. 그때 배운 게 사실 학교에서 배운 것보다 내가 살아가는 동안에 써 먹을 일이 많았어.

그러나 내 인생의 진정한 멘토는 책이었어. 아까 말한 책들 말이야.

너희들은 어떤 멘토를 만나고 싶니? □

안은미

무용가, 안무가, 안은미컴퍼니 예술감독입니다. 이화여대와 동대학원 무용학과를 졸업하고 뉴욕대 예술대학원을 졸업했습니다. "볼 기회가 생긴다면 절대로 놓치지 마라! 그로 인해 당신의 삶이 윤택해질 것이다!", 2006년 세계 음악극 축제에 초청되었을 때, 유럽 언론가와 비평가 들이 한국의 무용가이자 안무가인 안은미에게 쏟아 냈던 찬사 중의 하나입니다. 독특하면서 파격적인 무대를 선보이며 끊임없이 관객에게 신선함을 선사해 온 그녀에게 일상은 무용 그 자체이며 무용의 틀을 깨는 또 하나의 세계일 뿐입니다. 뉴욕문화재단과 맨해튼 예술재단의 안무가상과 백남준아트센터 제1회국제예술상 등을 수상했습니다.

이 세상의 힘겨운 발걸음들에게

"물질만능 시대와 무한한 경쟁의 시대에서 가장 두려운 것은 남보다 뒤처지는 일이고, 외모 지상주의 시대에 스스로 못생겼다고 생각하는 순간 자신의 외모가 최대의 적이 될 것입니다. 저는 그래서 생각을 전환하여 사람들과 경쟁하지 않고 누가 보든 말든 자기가 가장 추구하고 싶은 세상에 가서 살기로 결정을 합니다. 그래서 머리도 깨끗하게 밀어 버렸습니다. 여자지만 '빡빡이' 스타일로 지금까지 신나게 살고 있습니다."

— 안은미

제 소개부터 해야겠지요. 저는 춤을 추며 살아가는 무용가입니다. 동시에 '안무가'로 살고 있기도 하지요. 안무가는 영화감독처럼 무용작품을 만드는 직업입니다. 이 직업을 선택한 해가 1988년이니까 얼추 24년 동안 춤추고 작품 만들며 이 세상에서 논 셈입니다. 저는 세상 사람들에게 '빡빡이 무용가'로 더 많이 알려져 있기도 합니다. 저는 아직 결혼을 하지 않아 아이가 없습니다. 그러나 그동안 만나 온 수많은 어린 친구들이 저의 자식들입니다.

가장 작은 사회, 가족

모든 사람들이 이 세상에 태어나 가장 영향을 많이 받게 되는 주위 환경은 아마도 부모님이 아닐까 생각합니다. 저는 이 사실을 알아차리는데 아주 오랜 시간이 걸렸습니다.

우리 집은 2남 2녀로 저는 그중 셋째로 태어나 오빠와 남동생 사이에 끼어서 자랐습니다. 놀이를 할 때도 혼자 놀 때는 인형 놀이, 오빠 동생과 같이 놀 때는 레슬링, 총싸움 등 주로 사내아이들이 하는 놀이를 하고 자랐습니다. 덕분에 저는 유년 시절 내내 남자친구, 여자친구 구분 없이, 잘 적응했던 것 같습니다.

경상북도 영주가 본적인 제 부모님은 중매로 혼인을 하셨습니다. 과묵하셨던 아빠는 약주를 한잔하시면 잘 웃고 노래도 곧잘 흥얼거리셨습니다. 그래서 어린 저는 매일 밤 아빠가 오시는 골목길에 동생과 함께 마중을 나가서 술에 취해 기분 좋은 아빠를 졸라 간식을 얻어 내곤 했습니다. 여러분들은 믿기 어렵겠지만 우리 아빠는 자식들에게 이래라 저래라, 한 번도 강요

하신 적이 없었습니다. 이런 아빠의 침묵은 제가 말을 아끼고 오랜 시간 동안 고민하고 나서 일을 결정하는 신중한 사람이 되는 데 영향을 주었습니다. 남을 신뢰하고 존중하는 사람으로 만들어 주었습니다. 지금 와서 생각하면 아빠가 무슨 거창한 교육 목적을 가지고 있었던 것 같지는 않아요. 아빠가 가지고 계신 본성이 그런 상황을 만들어 낸 것 같습니다.

소리와의 완벽한 하모니 속에서 안은미는 극도로 집중된 움직임 언어를 찾는다. 노련하면서도, 표현이 강한 팔과 손의 움직임. 그와 함께 스스로 뿜어내는 고도의 존재감의 힘으로 미니멀적 움직임들이 주는 극단의 긴장감을 쌓아 나간다. 내면으로 체험되고 고밀도로 표현되는 표현주의적 판타스마고리아Phantasmagoria. 그녀의 몸은 한결같으면서도, 부드럽게 물결치고, 조용히 흔들리며, 위엄 있는 고요함에 제압되어 있다.

Rainer Köhl, 『*Rhein-Neckar-Zeitung*』

한 번도 크게 소리 내어 웃으신 적이 없었던 아빠

가 가장 큰 함박웃음을 보여 주신 건 저의 대학 합격 소식을 전해 들은 날 밤이었습니다. 그리고 바로 나가셔서 친구들과 거나하게 취하도록 술을 마시고 새벽녘에 귀가하셨습니다. 말없이 힘들어 하시던 보통 사람 아버지의 어깨가 그렇게 가벼워 보이기는 처음이었습니다. 대학교에 입학해 처음으로 교수님이 외국 공연에 저를 넣어 주셨는데 그 당시 비행기 값과 경비가 너무 비싸 도저히 저희 집 형편으로는 감당하기 어려워 저는 혼자 고민 끝에 자포자기하고 밤새 울어서 눈이 퉁퉁 부어 일어난 적이 있습니다. 그런데 아빠는 아침에 저를 부르더니 아무 걱정 말고 다녀오라고 하셨습니다. 아빠의 무조건적인 지원은 이후 "어려운 환경이라도 지레 포기하지 말고 일단 저지르고 보자"라는 생각을 제 마음속에 심어 준 계기가 되었습니다. 저는 그 돈을 갚는 데 4년이 걸렸습니다. 그래도 제게 돈보다 귀한 교훈과 큰 용기를 가져다준 좋은 경험이었습니다.

아시아 공연 탐험이라는 에든버러 인터내셔널 페스티벌의 가치를 잇는 이 놀라운 컴퍼니는 소수의 인원에도 불구하고, 거대한 에너지를 영국에서 가장 큰 극장의 하나The Playhouse에 가져왔다. 안은미가 암흑의 샤먼, 어느 한국 왕의 일곱 번째 딸로 버려져 어부에 의해 길러졌고, 하계를 여행할 운명을 지닌 바리공주 전설을 가지고 만든 공연은 눈이 튀어나올 만큼 기이한 현대와 전통 음악 및 안무의 콜라주, 동양과 서양의 영향이 구별 없이 담긴 일방적인 승리작runaway success이다.

불교의 영향이 드러나는 의상은 본 공연평의 단어들로는 다 설명할 수 없다. 성의 구분 없이 원색의 상징적인 의상들은 물방울무늬, 1파운드 금화 크기의 금속 장식, 모자, 빨간 우산, 황금 부채, 금속성의 실크 등으로 변화하면서 90분 동안 우리를 다른 세계로 인도하는 이국적인 초현실성을 창조한다. 두 차례 카메오로 등장하는 안무자 안은미와 더불어 8명의 무용수, 5명의 소리꾼, 5명의 연주자는 강렬함이 앞서는 색과 움직임의 혼합을 이뤄 낸다. 공연자들은 달리고 구르고 당당한 자세로 걷고 경사무대를 따라 미끄러지고 다른 사람의 어깨에 올라 한 몸이 된다.

딸아, 우린 항상 널 응원해

한국 전통 무용에서 받은 훈련을 현대 서양기술에 접목한 안은미의 안무와 무대 및 의상디자인은 몸의 놀이성과 유머를 조롱 섞인 지성에 대항하는 계시적이면서도 개인적인 양식을 전달한다. 그녀의 친구, 피나 바우쉬의 작업처럼 안은미의 작업 역시 처음부터 우리를 사로잡는다. 빨랐다가 느려지며 미끄러지기, 기어 다니기에서부터 날아오르기, 발을 끌기에서부터 통통 튀기까지 이 모두를 공연자들이 대담한 기술로 보여 준다. 피리, 해금, 가야금, 드럼(현대와 전통)은 판소리, 입음악 진혼곡과 풍부하게 혼합되어 있다. 서양인의 귀와 눈에 즐거이 낯선 이 공연은 감각적인 연극을 대표한다.

Alice Bain, '한국 현대무용의 에든버러 인터내셔널 페스티벌 최초 공식 초청 : 〈심포카 바리-이승편〉에 부쳐', 『*The Guardian*』

열여덟 꽃다운 나이에 시집와 네 아이를 키워 낸 우리 엄마는 집안 살림을 하는 전형적인 주부셨습니다. 제 어린 시절 엄마는 하루 종일 집안일로 분주하게 이리저리 왔다 갔다 하던 모습으로 남아 있습니다. 세탁기도 없이 여섯 식구 옷을 일일이 손빨래하고 연탄불에 밥해 먹던 시절이니 여러분은 상상이 잘 안 갈 거예요. 1970년 당시 대한민국의 어머니들은 새벽부터 일어나 연탄 갈고 아이들 도시락 싸고 아침상 차리고 청소하고 빨래하고……, 모든 걸 몸으로 해야 했습니다. 그런데 가만히 생각해 보면 엄마는 우리들 앞에서 한 번도 불평불만을 털어 놓으신 적이 없었습니다. 힘들다 푸념 한 번 하신 적이 없지요. 어쩌면 그런 시간조차 허락되지 않던 고단한 삶이었는지도 모르겠습니다.

어릴 적 엄마에게 가장 큰 불만은 없는 살림에 친척들이 방문하고 돌아갈 땐 항상 옆집에서 빌려서라도 차비를 챙겨 주고 빈손으로 보내지 못해 기어이 뭐라도 들려 보내는 모습이었습니다.

"저럴 돈으로 내 옷을 해 주지, 저걸로 우리 반찬이나 해 주지……."

그런데 놀랍게도 어른이 된 제가 엄마와 똑같이 하고 있다는 것을 알게 되었습니다. 덕분에 저는 지금도 주변 친구들에게 아주 넉넉하고 따뜻하고 배려심

많은 사람으로 사랑받고 있습니다. 자기의 이익보다 주변 사람을 더 걱정하고 챙겨 주는 여유로운 마음, 이것이 어쩜 리더가 갖추어야 할 가장 중요한 자질과 덕목이 아닌가 생각합니다. 엄마는 저에게 행동으로 강요 없는 '봉사'를 가르쳐 주셨습니다.

삶이 삶답게 흘러가서, 산천과 대기와 우주 전체와 하나가 되어 어우러지는 춤 마당을 '살 판'이라고 했다. 길과 손길이 닿는 곳마다 일대 사건이 일어나는 안은미의 춤은 석양머리 적막강산의 춤이 아니라 이처럼 '살 판'의 춤이다. 안은미의 춤은 죽임의 문화를 살림의 문화로 돌려놓는다. 사람을 살리는 일, 이 살림을 자기의 일로 생각하는 것을 '살림살이'라고 하는데, 안은미의 춤은 '살 판'의 춤이자 '살림살이'의 춤이다. 안은미의 춤에는 이름 없는 이들의 숨결을 살려 놓는 광대의 힘이 있다.

손진책(극단미추 대표, 국립극단 예술감독)

나의 유년기 학교, 놀이

요즈음 학생들은 스마트폰이 친구라고 하지요. 대화도 SNS로 하고 게임도 하고 동영상도 보고, 사진도 찍고. 모든 것이 작은 기계 하나만 있으면 외롭지 않은 시대가 되어 버렸습니다.

제가 어렸을 땐 텔레비전도 없던 시절이니 그냥 놀이라는 것은 혼자 알아서 적당히 시간을 때우는 일이었습니다. 그래서 넘치는 에너지를 가지고 태어난 저는 동네에 있는 흙산에 올라가 하루 종일 달리고 뛰어 놀았습니다. 그것이 지루해질 때면 소꿉놀이를 하고 그것도 지겨우면 집에서 혼자 모노드라마를 하며 놀았습니다.

제가 작품을 만들 때 사람들이 저에게 묻곤 합니다. 도대체 어디서 그런 아이디어가 무궁무진하게 나오느냐구요. 현실에서 이룰 수 없는 수많은 이야기들을 상상의 세계를 만들어 혼자 펼쳐 놓고 놀았던 경험이 저에게 샘솟는 아이디어를 만들어 주고 있는 거라고 생각합니다. 지금도 저는 세계 무대에 나가 외

국 사람들에게 이런 평가를 받곤 합니다.

안은미는 우리에게 한 번도 보지 못한 것을 위해 눈을 열어 주고, 경이로운 이미지들과 1초의 공회전도 허락하지 않는 완벽하게 손질된 드라마투르기로 숨 막히게 한다.

Ludwig Ammann, '바이러스 감염 성공, 쏟아지는 박수', 『*BZ*』

때로 '고독'이야말로 가장 좋은 친구인지도 모릅니다. 혼자 생각하는 시간, 자신을 들여다보며 나만의 세계에서 완전한 '고독' 속에 나를 놓았던 시간이 오늘 저의 큰 자산이 되었습니다.

어른들이 사는 사회, 공포

부모님 곁을 떠나 학교생활이 시작되면 우리는 '학교'라는 새로운 사회에 적응하기 위해 훈련을 시작합니다. 다섯 살 때부터 무용을 가르쳐 달라고 엄마를 졸랐지만 저는 학교 공부에 치여 꿈을 이룰 수 없었습니다. 그때나 지금이나 부모님들은 "공부 잘하라" 소리를 입에 달고 살지만 교과 공부와 그 결과물인 시험 성적만이 공부인가에 대한 의심을 떨쳐 내기 힘들었습니다. 그래서 저는 춤을 독학으로 혼자 배워 나가기 시작했습니다. 7년이 지나 초등학교 5학년이 되었을 때 매일매일 졸라 간신히, 6개월 동안 한국무용이라는 춤을 배울 수 있게 되었습니다.

쉽게 얻어 낸 것이 아니어서였을까요. 저는 미치도록 춤을 추기 시작했습니다. 그리고 중학교에 진학하면서 다시 국영수 과외와 저의 운명을 바꾸었습니다. 경제력이 제 손안에 있는 것이 아닌지라 제 마음대로 할 수 있는 권한이 없었습니다. 이 사건을 계기로 진정한 자유와 꿈을 이루려면 경제적인 독립이 뒷받침되어야 한다는 것을 깨달았습니다. 그래서 저는 대학에 진학하자마자 직업전선에 뛰어들어 미친 듯이 일을 하게 되었습니다.

강의를 하러 가면 학생들이 제일 많이 물어보는 질문이 있습니다.

"두려움을 어떻게 극복하셨어요? 가장 큰 두려움은 무엇이었나요?"

답은 간단합니다. 생각을 바꾸세요.

물질만능 시대와 무한한 경쟁의 시대에서 가장 두려운 것은 남보다 뒤처지는 일이고, 외모 지상주의 시대에 스스로 못생겼다고 생각하는 순간 자신의 외모가 최대의 적이 될 것입니다.

저는 그래서 생각을 전환하여 사람들과 경쟁하지 않고 누가 보든 말든 자기가 가장 추구하고 싶은 세상에 가서 살기로 결정을 합니다. 그래서 머리도 깨끗하게 밀어 버렸습니다. 여자지만 '빡빡이' 스타일로 지금까지 신나게 살고 있습니다.

춤 스타일도 배워서 하는 게 아니라 제가 가장 행복한 순간이 느껴지면 보여 주기 위한 것이 아니라 나눠 주기 위해 무대에 섭니다.

가슴 가득 충만한 에너지로, 저의 육체를 통해 수많은 이야기를 관객들과 소통합니다.

안은미는 춤을 통해 자기변신, 자기해방을 시도한다. 역사적, 사회적 압박이나 유전적 코드로부터 탈출하기 위하여 그녀는 사이보그의 외피, '제2의 살갗'을 입는다. 강렬하고 기괴한 무대 의상은 물론, 맨머리, 맨몸이 물질적이면서도 심리학적인 제2의 살갗이 되어 자신의 한계를 침범, 능가하고 그럼으로써 자신이자 자신의 분신인 분리자아를 창조한다. 제2의 살갗을 입은 원초적이고 혼성적인 사이보그로서 거의 식인적인 흡인력으로 우리를 삼켜 버리는 것이 안은미 춤의 실체이자 독보적 특성이다.

김홍희(서울시립미술관 관장, 미술평론가)

여러분이 사는 사회, 미래

20년 전만 해도 저는 이 사회에서 '미친 여자'라고 손가락질을 받았습니다. 사람들은 저의 개성과 독특한 행동, 생활방식을 이해하지 못했지요. 그러나 옛 어른들 말씀에 세월을 이길 장사가 없다고 했나요? 이제는 세상 사람들이 저의 미친 공연을 이해하고, 열광하기도 합니다.

새로운 세상을 찾아 구도자와 같은 삶을 살아야 하는 예술가라는 직업은 그 결과물을 확인하기까지 아주 오랜 시간이 걸립니다. 다른 사람의 시선을 두려워하고 현실에 안주했다면 지금의 '안은미'라는 이름은 존재하지 않았을 것입니다.

지면을 통해 여러분께 이런 이야기라도 들려 드릴

수 있게 성장한 제 자신이 가끔은 대견하기도 합니다. 저는 제가 성공했다고 말하지 않습니다. 잘 컸다고 말합니다.

저는 나이가 여러분보다 많은 어른이지만 항상 넘어야 할 과제 앞에서 지금도 힘겨워 하고 두려워합니다. 인생 경험이 풍부하지 않은 여러분은 저보다 더 많은 고민이 있으리라 생각됩니다.

첫 문장부터 제 어린 시절을 통해 지금까지의 여정을 말씀드린 것은 우리가 쉽게 이야기하듯 모든 사람이 '남들이 인정하는 성공적인 삶'을 살 수는 없음을 말하고 싶었기 때문입니다. 남들이 인정하는 성공을 위한 맹목적인 노력보다는 자기 마음에 드는 인생을 찾아야 하겠지요. 다가오는 여러분의 시대를 위해서는 이제 여러분 스스로가 그 짐을 짊어져야 하기 때문에 그 시간이 길고 두려운 여행길이 될 것입니다.

이제 작지만 여러분들이 가고 싶은 막연한 세상을 위해 짐을 꾸리세요.

앞에서 말씀 드린 대로 그 길은 여러분 스스로 찾

아가는 길입니다.

스마트폰을 잠시 내려놓고 하늘을 향해 힘껏 뛰어올라 보세요.

곧 하늘이 여러분 품속으로 들어와 뭉게구름 침대를 만들어 줄 거예요.

그럼 그곳에 많은 친구들이 스스로 놀러 올 거예요.

댓글을 보내지 않아도 여러분 곁에서 항상 같이 뛰어 놀아 줄 친구들 말입니다.

저도 그중 한 명일 것입니다. □

이정범

영화감독. 2006년 〈열혈남아〉로 데뷔하여 〈아저씨〉로 2010년 대한민국 국회대상 올해의 영화상, 2011년 제8회 맥스무비 최고의 영화상 최고의 감독상 등을 수상했습니다. 2012년 제2기 부천국제판타스틱영화제 청소년영화아카데미 원장을 지냈고 현재 한국예술종합학교 영상원 영화과 교수로 재직 중입니다. 2013년 현재, 차기작으로 느와르영화 〈우는 남자〉(가제)를 준비하고 있습니다.

내 가슴속 보석, 꿈

"자신의 주변에 수많은 멘토가 있다고 해도 멘티가 그 가르침을 자신의 자양분으로 받아들이고 승화시킬 만한 내적 에너지를 갖고 있지 않으면 참된 '멘토링'은 불가능합니다. 그 에너지는 여러분의 가슴속에서 자라고 있는 보석, '꿈'입니다. 여러분이 되고 싶은 것, 하고 싶은 것, 희망하는 것, 알고 싶은 것, 먹고 싶은 것, 만지고 싶은 것, 가고 싶은 곳입니다. 내가 꿈꾸고 희망할 때야 비로소 수많은 멘토들이 다가와 말을 건넵니다. '넌 혼자가 아니야……'라고."

—이정범

글을 시작하기 전에 먼저 '멘토Mentor'의 유래와 사전적 의미를 찾아보았습니다. 유래는 그리스신화에 나오는 오디세우스의 친구 멘토르에서 기원한다고 하네요. 오디세우스가 트로이전쟁에 출정하여 20년이 되도록 귀향하지 않는 동안 멘토르는 오디세우스의 아들 텔레마코스를 돌보고 가르쳤으며, 그의 이름은 '현명하고 성실한 조언자' 또는 '스승'이라는 의미를 갖게 되었다고 합니다.

"현명하고 신뢰할 수 있는 상대, 지도자, 스승을 의미함. 우리를 안내하고 보호하며, 우리가 아직 경험하지 못한 것을 체험한 사람."

멘토의 사전적 의미는 이렇습니다.

정리해 보면 우리가 일상적으로 많이 쓰고 있는 '멘토'의 의미는 '누군가가 믿고 의지할 수 있는 지혜롭고 현명한 스승' 정도가 될 듯합니다.

다소 딱딱할 수 있는 '멘토'의 의미와 유래로 이 글을 시작한 것은, 나에게도 '멘토'라 할 수 있는 누군가가 있었는지, 스스로 자문할 시간을 갖기 위함이었습니다.

현재의 '영화감독'이라는 위치에 오기까지 저 역시 누군가의 지도와 조언으로 실력과 잠재력을 향상시키는 '멘토링'을 경험했을 것은 분명합니다. 그러나 그러한 지도와 조언을 건넨 '누군가'가 항상 저보다 나이가 많았던 것은 아니며, '지속성'을 띠고 머물러 주지도 않았습니다. 유형에서 무형으로, 무형에서 유형으로 매 순간마다 형태를 바꾸며 다가왔었다는 점에서 그 '누군가'를 순수한 의미의 '멘토'로 규정지을 수 있는가, 하는 의문이 생겼습니다.

결론적으로, 내게도 멘토가 있었는가라는 질문에 대한 답은 "있었고 또한 없었다"입니다. 조금 이상한 답변으로 들릴 수도 있겠습니다. 그러나 이 답변이 전혀 이상하지 않다는 것, 여러분의 진정한 '멘토'는 다른 곳이 아닌 바로 여러분의 가슴속에서 보석처럼 자라고 있다는 사실을, 저의 작고 초라한 삶의 궤적을 따라가며 밝혀 보려 합니다.

나를 키운 건 팔 할이 사주?

저의 첫사랑은 중학교 때였습니다. 확실합니다. 그때의 가슴 콩닥거림을 또렷이 기억하거든요. 당시 저는 또래들보다 좀 더 위험한 사랑을 꿈꾸는 사춘기 소년이었습니다. 그 위험한 사랑의 대상은 제가 다니던 학교의 영어 선생님이었죠. 작고 아담한 외모에 눈웃음이 귀여운 영어 선생님. 그분이 등굣길에서 스치듯 전해 주셨던 "영어에 소질이 있어 보인다"는 칭찬은 가슴속에 깊은 화인火印이 되어 저를 청춘의 열병에 들끓게 하였습니다.

반 친구들도 선생님과 제가 연관되는 사건이 있을 때마다(이를 테면, 선생님께 매를 맞는다거나, 수업 중 이름이 호명될 때) 특유의 야유 소리를 내었고 선생님께서도 야릇한 분위기를 눈치채셨는지 얼굴이 붉어지곤 했습니다.

어느 날 친구 녀석이 잡지(『소년 중앙』이나 『보물섬』이었던 걸로 기억합니다) 한 권을 보여 주며 흥미로운 제안을 했습니다. 교무실 청소 중 알아낸 선생님의 생년월일을 알려 줄 터이니 저의 생년월일과 조합하여 궁합을 봐 보면 어떻겠냐구요. 녀석이 대가로 원한 건 제가 친구들 앞에서 선보였던 브레이크댄스의 어떤 테크닉이었습니다. (춤을 췄다는 게 꼭 비행청소년을 의미하는 것은 아니라는……!)

평소라면 놈의 면상을 갈겨 줬겠지만 가슴이 떨려오는 걸 부정할 순 없었습니다.

'궁합'이라는 말 한마디에 선생님과 제가 뭔가 은밀하고 비밀스러운 관계에 둘러싸이는 묘한 긴장감이 들었거든요.

그렇게 녀석의 꾐에 넘어간 저는 선생님과 저의 궁합을 보았습니다.

성인이 된 지금, 안타깝게도 그때 본 궁합의 내용은 기억하지 못합니다.

오히려 제 머리에 각인된 건 궁합 옆에 적혀 있던 저의 사주四柱입니다. 그 사주엔 이런 문구가 포함되어 있었습니다.

"문무文武를 겸비한 성격……."

"주식에 투자하지 말 것."

그때까지 운동에 전념하던 저에게 '문무를 겸비한'이라는 문구는 공부의 필요성과 아버지가 늘 입버릇처럼 말씀하시던 "놀 땐 놀고, 공부할 땐 공부하라"는 교훈을 환기시켜 주었습니다. '주식에 투자하지 말 것'이라는 문구 역시 주식株式의 '주'자도 모르던 저에게 '요행이나 행운을 기대하지 말라'는 뜻으로 다가왔구요.

정리해 보면 "운동과 공부 둘 다 잘하고, 노력해서 결과를 얻어야 하는 운세"였습니다.

저는 저의 사주가 마음에 들었습니다. 적당히 마초적이고, 뭔가 모를 뚝심이 느껴졌습니다. 밀어붙였습니다. 영어 선생님을 연모하는 마음에 영어만 팠습니다. 연습장 가득 단어를 써 가며 공부했죠. 연습장을 다음 장으로 넘길 때 공책 하단에 'Hot hearted, Cool headed(뜨겁고도 냉철하게)'라는 문장을 쓰며 자기암시를 걸기도 했습니다.

후에, 영어영문과에 들어갔고 지금도 저는 복권이나 경품 당첨 따윈 쳐다보지도 않습니다.

영화 〈터미네이터〉에서 '사라 코너(린다 해밀턴)'를 지키기 위해 파견됐던 '리스(마이클 빈)'를 기억하시나요? 그는 결혼하지도 않은 사라에게 그녀의 아들을 보호하기 위해 미래에서 왔다고 합니다. 진실은, 곧 태어나게 될 사라의 아들 '존 코너'의 아버지는 바로 리스 자신이었다는 거죠. 미래의 반란군 지도자(아들)와 그 사실을 모르고 과거로 보내진 보디가드(아버지)라는 운명의 순환 고리…….

지금 생각해 보면, 제 운명이 그렇게 정해져 있었기에 저의 '사주'가 그렇게 나온 것이 아니라, 제가 '문무를 겸비하고 요행을 바라지 않는' 인간형이 되고자 노력했기에 그것이 저의 '사주'가 되지 않았나 싶습니다. 다시 말해, 과거의 잡지에 적혔던 그 '문구'가 저의 아버지인 줄 알았는데, 알고 보니 그 녀석들을 잉태한 것은 현재의 저, 이정범이었다는 말씀이죠.

음……, 말해 놓고 보니 좀 거시기하군요.

나른한 점심시간, '에티오피아'를 꿈꾸다

고등학교 1학년이었던 1987년으로 기억합니다. 그때 국제사회의 이슈는 '에티오피아'라는 나라의 기아상황이었습니다. 연일 뉴스와 신문에서 그 나라의 국민들이 굶어 죽는 모습을 접할 수 있었습니다.

점심시간을 마치고 평소처럼 선생님의 눈에 띄지

않는 뒷자리에 앉아 잠을 청하는데, 창밖의 플라타너스가 시야에 들어왔습니다. 오후의 햇살에 잎을 드러내 놓고 바람에 아주 조용히 흔들리는 그 나무를 보았을 때 저도 모르게 가슴이 먹먹해져 왔습니다. 그러다 문득 '에티오피아'라는 나라에 대해 생각하게 되었습니다. (왜 그렇게 되었는지는 기억나지 않습니다.) 또한 사우디아라비아에 건설 노무자로 다녀오신 아버지의 이야기도 떠올랐습니다. 자동차 보닛에 계란프라이를 해 먹던 일, 낮과 밤의 무서운 일교차, 한밤중에 나갔던 동료가 들개에게 뜯어 먹힌 채 흩어진 잔해로 발견되었던 일…….

어떤 기자가 있습니다. 이름은 '마이클'이고 에티오피아에서 난민을 취재 중입니다. 자신의 일은 완료한 상태이고 다음 날이면 살고 있는 뉴욕으로 돌아가야 합니다. 그는 갈등하고 있습니다. 기자의 직무는 마쳤으나 이곳에 남아 난민을 돌볼 것인지, 돌아가서 기자로서의 평범한 삶을 살 것인지……. 그러던 어느 날, 취재를 나갔던 마이클은 굶어 죽어 가는 한 아이를 발견합니다. 아이를 난민캠프로 데리고 오지만 물과 음식은 부족하고 아이의 상태는 회복시킬 수 있는 상황이 아니었습니다. 모닥불 곁에서 아이를 안고, 시시각각 아이의 육신을 잠식해 오는 죽음을 바라보는 것만이 마이클이 해 줄 수 있는 유일한 일이었습니다. 동이 트고, 아이는 죽습니다. 마이클은 아이의 가벼워진 시신을 안고 사막을 걸어갑니다. 그리고 다짐합니다. 남겠다고.

제목은 '에티오피아 보고서'였습니다.

수업 시간, 제가 노트 두 장에 적었던 최초의 창작물이었습니다. 왜 에티오피아가 떠올랐고 어째서 아버지가 말씀하신 사막의 이미지가 거기에 투영된 것인지는 모르겠습니다. 기억하는 거라곤 주인공의 이름은 한참 좋아하던 마이클 잭슨에게서 따 왔다는 거정도입니다. 그냥 운명이었다고 생각합니다. 너무 거창하게 들릴지도 모르나 '에티오피아 보고서'는 어쨌든 제 인생을 조금 바꿔 놓았거든요.

수업 시간에 작문으로 '에티오피아 보고서'를 제출했을 때 당시 국어 선생님이셨던 문준호 선생님께서 제게 학교 문예부에 들어갈 것을 권유하셨습니다. 공부도 좋고, 운동도 좋지만, 순수 창작물을 누군가와 공유하고 감상을 함께 나누는 것의 보람에 대해 말씀해 주셨습니다. 단 한 번도 뭔가를 창작하고 나눈다는 행위를 생각해 보지 못했던 제게 그 제안은 무척이나 신선하고 충격적인 사건이었습니다.

대학로에서 만난 '예비 어른'들 제가 고등학교를 다니던 시기엔 교복과 두발자율화가 실시되었고, 조금 못된 맘만 먹으면 고등학생도 얼마든지 넘치는 자유를 누릴 수 있던 시기였습니다(물론 지금도 마찬가지입니다만). 게다가 동숭동에 위치한 저희 학교는 교문을 나서면—차량이 통제된 넓은 도로 위로 대학생과 고등학생이 군번 떼고 어울려 막걸리와 노래, 프리스비와 스케이트보드를 즐기는 젊음의 광장—대학로가 펼쳐졌습니다.

저 역시 그 인산인해에 조금은 보탬이 되어야겠다는 일념으로 토요일 수업을 마치기 무섭게 교문 밖을 향해 달려가곤 했습니다. 개나리가 흐드러진 오월의 어느 날, 역시 문예부 친구들과 어울려 서울대병원의 뒤뜰로 향했습니다. 그날은 조금 특별한 이벤트가 준비되어 있었습니다. 저희 고등학교와 같은 재단에 속한 어느 여고의 문예부와 합동발표회가 있었거든요. 푸른 잔디와 노란 개나리를 배경으로 인간과 사회를 진중하게 논하는 고등학생을 상상하십니까? 흥, 그런 건 아무래도 상관없었습니다. 저희가 원한 건 여학생들과 어울려 가슴 뛰는 연애의 감정을 느껴 보는 것이었으니까요.

여학생들은 여전히 새침한 표정이긴 했지만 몇 순배의 막걸리가 돌자 얼굴이 발그레해졌고, 우리의 대화는 어느덧 시나 문학과 상관없는 집이 어디냐, 어떤 가수와 영화를 좋아하느냐와 같은 신변잡기적인 것으로 집중되었습니다.

그들 중 저의 시선을 끄는 한 학생이 있었는데, 치아 교정기를 했지만 예쁘장한 얼굴에 큰 눈으로 뭐든 다 이해할 것 같은 엄마(?)의 웃음을 짓고 있었죠. 다른 아이에겐 없는 아우라라 할까요. 편안함 속에 반듯함이 느껴졌습니다.

망설임 끝에 다가가 이름을 물어보니, 아이는 자신의 이름을 '나오미'라고 밝혔습니다. 묻지도 않았는데 성경에 나오는 이름과 똑같다고 하더군요. 성경을 읽어 보지 못한 저는 읽어 본 척 "그러네요!" 맞장구를 쳤습니다. 작업의 정석이었습니다. 그리고 약간

건들거리는 말투로 기본적인 인적사항을 물었습니다. (여자는 나쁜 남자에게 끌린다는 서투른 연애철학을 철석같이 믿을 때였습니다.) 불쾌할 수도 있었을 저의 질문에 나오미는 제 얼굴을 빤히 보다가 예의 친절한 얼굴로 대답하기 시작했습니다.

시간이 흐를수록, 저는 조금씩 나오미의 어른스러움에 압도되었습니다.

그런 척하는 것이 아닌, 오랜 시간 몸에 밴 아이의 친절, 겸손과 배려는 저를 혼란스럽게 했습니다. '저놈의 교정기만 빼면 봐 줄 만하겠네. 사귀어 볼까나?' 하던 거칠고 투박한 수컷의 흑심은 저 멀리 안드로메다로 사라지고 동갑내기 여자애에 대한 존경만이 남았습니다.

날이 어두워지고 모임을 끝내야 할 시간이 되었을 즈음, 저는 나오미에게 "나중에 크면 뭐가 되고 싶어?"라는 조금 어리석은 질문을 던졌습니다. 한참을 망설이던 나오미는 또박또박 대답합니다.

"아직 잘 모르겠어. 우선은 내가 되고 싶은 인간이

먼저 되고 싶어. 뭐가 되고 싶은지는 그다음에 생각할래."

"네가 되고 싶은 인간은 어떤 인간인데?"

나오미는 또 막힘없이 대답했습니다. (그 답변을 정확히 기억하진 못합니다. 왜 항상 중요한 것들은 기억하지 못할까요?) 제 기억에 남아 있는 것은 그애의 답변에 '사람에 대한 예의', '부모님을 모시고', '흔들리지 않음' 따위의 문구들이 포함됐었다는 겁니다.

모임이 끝나고 집으로 향하는 길. 나오미는 참 '무르익은 벼' 같은 아이구나, 동갑인 나에게 존경심을 불러일으킬 정도로 그 아이는 앞서 걷고 있구나……. 돌아오는 전철에서 저는 내내 그런 생각에 빠져 있었습니다.

나오미는 고등학교 졸업 후 바로 생활전선에 뛰어들었고, 교회오빠와 결혼하여 작은 카페를 운영한다고 들었습니다. 오랫동안 만나지 못해 확신할 순 없지만 교정기를 뺀 그녀의 모습은 아주 근사할 것이며, 아이들에겐 더없이 좋은 엄마가 되었을 거라 믿고 있습니다.

황병산 정상에서 욕을 외치다

〈세상의 중심에서 사랑을 외치다〉라는 일본영화가 있죠. 연인간의 사랑을 애절하고 감동적으로 그린 영화였습니다. 무슨 상관이냐구요? 아무 상관없습니다. 다만, 인생의 가장 황금 같던 순간, 세상의 중심에서 사랑이 아닌 욕을 외치던 저의 지난날이 떠올랐을 뿐이죠.

영어 선생님을 좋아해 영어 공부에만 집중한 덕에, 저는 고등학교를 졸업하고 영어영문학과에 들어갔습니다. 그러나 '영어 선생님'을 좋아하는 것과 '영어'를 좋아하는 것이 다르듯 '영어'를 좋아하는 것과 '영문학'을 좋아하는 것은 전혀 별개의 문제라는 사실을 깨닫기까지 그리 오래 걸리지 않았습니다. 곧 대학생활에 회의를 느꼈고, 술과 연애, 휩쓸리듯 참가한 집회와 데모 대열……. 그렇게 3년의 시간이 지나고 공군에 입대했습니다.

제가 배속받은 부대는 해발 1700미터, 강원도 '황병산' 꼭대기 레이더 기지였습니다.

훈련소에서 배속지를 듣던 순간, 제 얼굴은 노랗게 뜨고 말았죠. 아니, 공군에 지원했는데, 산이라니요? 비행장 놔두고, 왜 그런 오지에 나를 보내는 겁니까!

30개월의 긴 복무기간이지만, 외박을 자주 보내 준다기에 지원했는데, 강원도 산자락이면 제아무리 외박을 나와도 위수지역에 걸려 서울은커녕 강릉을 벗어나기 힘들 것이 뻔했습니다. 이러한 저의 우려는 배속받은 첫날, 악마처럼 웃던 주임 상사의 재치 넘치는 멘트로 확인되었습니다.

"모기가 없어, 우리 부대는! 10월에 시작해서 4월까지 눈이 내려! 좋~지?"

"푄 현상이라고 알어? 최대 적설량이 8미터야, 8미터! 그 눈은 당근 너희들이 치워야지, 좋~지?"

"여름엔 부대 왼편을 봐 봐! 컬러풀한 수영복 입은 아가씨들이 해변에 좌악~! 겨울? 부대 오른편을 봐 봐! 용평스키장에 야간 조명이, 별처럼 아주 죽여 그냥! 물론, 멀어서 그냥 까맣게 보이지! 상상만 하라는 거야! 어때? 좋~지?"

제대로 똥 밟은 기분이었습니다.

그날 저녁, 황병산 정상에 선 저는 닭똥 같은 눈물을 흘리며 욕을 외쳤습니다.

"이런 ××! 나 돌아갈래~!"

그렇게 30개월이 지났습니다. 외롭고, 무료한 시간이었습니다.

그러나 나쁜 일만 있던 건 아니었죠. 군 생활 동안 인생의 큰 전환점을 맞이했습니다.

병장을 달고 제대를 앞두었을 무렵, 남는 시간을 때울 요량으로 부대 도서관에서 책 몇 권을 빌렸습니다. 그중에 『시나리오 전집』이라는 책이 있었고 저는 그 시각적인 재미와 명쾌함에 매료되었습니다. 극장에 가지 않고도 한편의 영화를 본 것 같았습니다.

당연히 학창시절에 썼던 '에티오피아 보고서'가 떠올랐습니다.

무언가를 창작하고, 누군가에게 그것을 읽히고, 그로부터 비웃음이건, 칭찬이건 그 창작물에 대한 '반응'을 얻는 '행위'에서 오는 쾌감!

며칠을 고민한 끝에 도서관 작은 책상에서 시나리오를 쓰기 시작했습니다.

공모에 냈습니다. 당연히 떨어졌습니다. 그런데 이상하게도 실망보다는 오기가, 더 잘할 수 있다는 희망이 솟았습니다. 그 후로도 두어 번 공모에 떨어지자, 좀 더 제대로 영화를 공부하고 싶다는 욕구가 생겼습니다.

제대를 했고, 취직을 권유하는 아버지에게 영화학교를 가겠다고 했고, 밥숟가락이 날아왔고, 당연히 저는 영화학교에 들어갔습니다.

시나리오엔

사람이 산다 제게 있어 영화학교의 의미는 '웃음'과 '자율'입니다.

힘든 촬영을 마치고 서로를 다독이며 웃는 경험이고, 지하 소파에서 깨어나 헝클어진 머리를 보여 주는 개그였으며, 술에 취해 서로 할퀴고 상처 주고 바닥을 쳤다가도 다시 눈물을 머금고 용서하고 용서를 구하는 순간이었습니다. 육체적으로 너무 힘들고 제작비와 등록금 걱정에 항상 궁핍했던 학교생활이었는데도 그때를 생각하면 자꾸 웃게 됩니다. 아마도 한순간도 내가 '나'이지 않았던 순간이 없었기 때문일 것입니다.

학교는 자기만의 개성을 갖추라며 격려하고 종용했고, 그 중심에 '자율'이 있었습니다.

학생들에게 A4용지를 하나씩 던져 주더니 "졸업할 때까지 용지에 그림을 그리건, 글을 쓰건, 접어서 종이를 날리건 혹은 아무것도 하지 않은 채 내버려 두건 모두 너희의 자유다!"라고 말했습니다. 물론 그 자유에 따르는 책임 또한 온전히 저희의 몫으로 남겨 두었죠.

저는 그 A4용지에 시나리오를 적었습니다. 그리고 그 시나리오 속엔 은사이신 '송길한' 시나리오 작가님의 말씀이 녹아 있습니다.

송길한 선생님은 〈짝코〉, 〈길소뜸〉, 〈반란〉, 〈만다라〉, 〈비구니〉, 〈티켓〉, 〈안개마을〉, 〈씨받이〉 등 약 40편에 이르는 주옥같은 시나리오를 집필한 한국영화사의 산증인입니다. 영화 〈넘버 3〉의 송능한 감독의 친형이기도 합니다.

선생님께선 창작 중인 학생들에게 많은 충고와 위로, 현답賢答을 건네시며 인간과 현실, 삶에 천착한 캐릭터와 이야기를 창조할 것을 격려하셨습니다. 술자리에선 선생의 신분에서 내려와 동등한 친구의 자리에 앉는 호탕함도 간직하고 계셨습니다.

한번은 선생님과 저, 친한 선배까지 셋이서 새벽까지 술을 마시고 선배의 집에서 나란히 잠이 든 뒤 다음 날 중국집에서 해장술을 마셨던 기억도 있습니다.

아마도 학생의 자취방에서 주무신 전무후무, 유일무이한 선생님이실 겁니다.

그런 선생님께 졸업을 앞두고 있던 제가 시나리오 한 편을 들고 찾아뵈었습니다.

'11계명'이라는 제목의 스릴러물이었는데, 딴엔 꽤 공을 들인 작품이었고 엔딩의 반전도 마음에 들었던지라 내심 칭찬을 기대하고 있었습니다. 그러나 시나리오를 읽어 보신 선생님의 반응은 냉담했습니다. '재미없다'라고 잘라 말하셨죠. 좀 더 구체적인 이유를 여쭙자 선생님께서 말씀하셨습니다.

"사람이 없어, 시나리오에! 작가만 살아서 입을 나불대니, 캐릭터는 죄다 꿀 먹은 벙어리야. 책상머리에서 썼으니 디테일이 부족하고 디테일이 부족하니 개성도 없고 살아 있질 않아. 시나리오는 발로 써야 돼, 이 멍청아!"

과연 그랬습니다. 좋은 시나리오는 캐릭터와 구성이라는 두 기둥으로 지탱되는데, 저는 구성에만 매몰된 나머지 캐릭터를 도외시했던 겁니다. 이야기가 아

인생의막걸리

무리 창의적이고 신선하다고 해도 '사람'을 그리는 영화에서, '사람'이 '사람' 처럼 보이지 않으면 영화를 보러 오는 '사람', 즉 관객을 설득할 수 없다는 간단한 사실을 간과했던 겁니다.

게다가 시나리오는 '발로 뛰는 것', 취재가 선행되어야 함에도 불구하고 그렇게 하지 못했었습니다. 책상에 앉아 머리로만 쓴 시나리오는 작가 자신을 잠시 도취시킬 수 있겠지만, 관객을 오래도록 감동시키지는 못한다는 사실, 취재를 통해 정리된 한 인간의 디테일을 표현하는 매체가 다름 아닌 영화라는 사실을 잊었던 거죠.

다시 한 번 선생님이라는 높은 산을 대면하는 순간이었습니다.

영화학교를 졸업하고 시나리오 작가로 일하다가 2006년에 데뷔작 〈열혈남아〉를 찍었습니다. 여러모로 많은 것을 배우게 된 작품이었습니다. 시나리오를 보는 감독과 배우의 다른 시각과 그 차이점 메우기, 현장에서의 유동성과 순발력, 배우, 스태프와 소통하는 법, 관객이 상업영화에 기대하는 몇 가지 진실…….

그 후 4년간 절치부심한 끝에 2010년 영화 〈아저씨〉를 연출하고 개봉했습니다.

그러한 시간 동안 송길한 선생님의 말씀을 한순간도 잊은 적이 없습니다.

장르를 불문하고 시나리오 안엔 '사람'이 있어야 한다는 것. '사람'이 있어야 가깝게는 스태프와 배우를 감동시키고, 그 진정성이 필름에 담겨 최종적으로 관객에게 전달된다는 진실.

지금도 학교 복도에서 마주치면 선생님은 윽박지르십니다.

"아직 멀었어, 이놈아!"

저는 발끈합니다.

"제가 뭐 어때서요?!"

"가르쳐 주리?"

선생님은 그렇게 제게 막걸리를 사 주십니다.

—이정범

살아가며

배우며

지금까지 저의 작고 평범한 지난날을 돌아보았습니다.

남들과 다를 것 없는 삶인데 부끄러움을 무릅쓰고 여러분께 소개한 이유는 단 하나입니다. 저 역시 누군가, 무언가에게 자극받고 성장하는 '멘토링'의 과정을 겪어 왔다는 것. 그러나 그러한 멘토링을 건넸던 그 '누군가와 무언가'를 단순히 '멘토'라는 사전적 의미로 규정짓기엔 뭔가 부족하다는 것을 말하기 위함입니다.

그래서 여러분께 제안합니다.

지금까지 우리가 알던 '멘토'의 의미를 좀 더 유연하게 확장하고 가능성을 열어 두자고 말입니다.

말씀드렸다시피 저에겐 깨달음과 희망, 살아갈 힘을 주었던 많은 '멘토링'의 순간이 있었습니다. 어떤 때는 믿어도 그만, 안 믿어도 그만이라는 사주四柱라는 종이쪽지로 그 모습을 나타낼 때도 있었고, 어떤 때는 동갑내기 여자아이였으며, 어떤 때는 바람 속에 흔들리는 플라타너스이기도 했고, 문예부에 들어갈 용기를 주신 국어 선생님의 모습으로, 지루한 군 생활을 때우려 읽어 보았던 시나리오 책으로, 그리고 영화 인생에 잊지 못할 귀한 깨달음을 주셨던 선배 영화인의 모습으로 '멘토링'의 순간들은 다가왔습니다. 이처럼 우리가 생각하는 것보다 훨씬 풍부하고 수많은 종류와 성격의 유형, 무형의 '멘토'들이 주변에 널려 있습니다.

최근에 이런 일이 있었어요. 다섯 살 딸아이와 함께 재활용 쓰레기를 버리러 갔을 때였습니다. 딸애의 낡은 옷을 의류함에 버리려 하자, 딸애는 한동안 옷의 냄새를 킁킁 맡더니 금세 눈물을 글썽이며 작별인사를 건넸습니다.

"안녕, 잘 가……."

그 모습에 아차 싶었습니다. 저의 생각이 짧았음을 깨달았습니다. 딸아이의 과거가 고스란히 담긴 옷을 너무 쉽게 쓰레기 취급했던 것, 조금만 더 사려 깊었더라면……, 아이의 순수한 눈으로 보는 세계와 감성은 상상 이상임을 깜빡했던 겁니다. 딸아이는 요즘 저의 가장 소중한 '멘토'입니다.

한 가지 잊지 말아야 할 것은 '멘토링'이 성립하기 위해선 '멘토'로부터 가르침과 영향을 받는 '멘티Mentee' 역시 필요하다는 사실입니다. '멘토링' 행위는 멘토와 멘티의 상호작용입니다. 결국, 자신의 주변에 수많은 멘토가 있다고 해도 멘티가 그 가르침을 자신의 자양분으로 받아들이고 승화시킬 만한 내적 에너지를 갖고 있지 않으면 참된 '멘토링'은 불가능합니다. 그 에너지는 여러분의 가슴속에서 자라고 있는 보석, '꿈'입니다. 여러분이 되고 싶은 것, 하고 싶은 것, 희망하는 것, 알고 싶은 것, 먹고 싶은 것, 만지고 싶은 것, 가고 싶은 곳입니다.

내가 꿈꾸고 희망할 때야 비로소 수많은 멘토들이 다가와 말을 건넵니다.

'넌 혼자가 아니야……' 라고.

저 역시 그 말을 가슴에 새기며 한 걸음 한 걸음 전

진할 수 있었습니다.

꿈꾸지 않는다면 다가와 말을 건네는 이도 없습니다.

꿈꾸는 순간, 주변의 모든 사물과 사람이 '멘토'로 탈바꿈하여 여러분을 도울 겁니다.

꿈을 갖고 자신의 변화를 두려워하지 않는 것, 그 자체가 당신의 '멘토'입니다.

생각보다 쉬워요.

가슴이 하는 말에 귀를 기울여 보세요. □

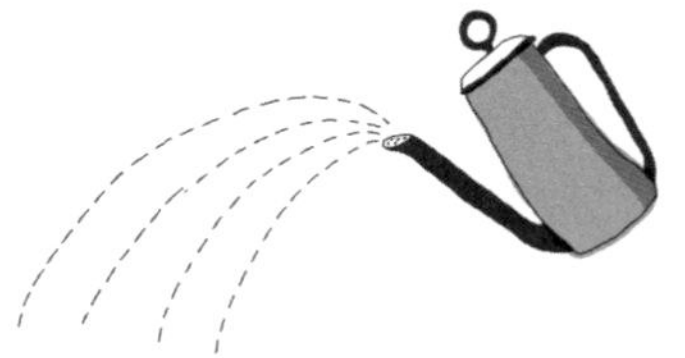

홍세화

작가이자 사회운동가, 언론인입니다. 1977년부터 1979년까지 '민주투위', '남민전' 활동을 시작했고, 1979년 3월 무역회사 해외지사 근무차 유럽으로 갔다가 '남민전 사건'으로 귀국하지 못하고 파리에 정착합니다. 1982년 이후 관광안내, 택시운전 등 여러 직업에 종사하면서 망명생활을 했으며 2002년 귀국하여 다양한 활동을 하고 있습니다. 지은 책으로 『생각의 좌표』, 『나는 빠리의 택시 운전사』, 『악역을 맡은 자의 슬픔』, 『쎄느 강은 좌우를 나누고 한강은 남북을 가른다』, 『빨간 신호등』 등이 있습니다.

개똥 세 개

"사람은 어떻게 성장하나? 정말 나이만 먹으면 어른이 되는 것일까? 사람에게 허물이란 무엇일까? 나는 어떻게 내 허물을 벗어 낼 수 있을까? 개똥을 먹지 않겠다고 큰소리를 쳤는데 바로 그 큰소리가 내가 끊임없이 벗어 내야 하는 허물이 되었다. 나는 셋째 개똥 이전에 첫째 개똥, 둘째 개똥을 먹지 않을 수 있는 자격을 나 자신에게 주기 어려웠다."

— 홍세화

삼형제의 개똥 세 개

어린 시절 나에게 외할아버지는 가장 가까운 말동무였다. 외할아버지가 주로 말씀하셨고 나는 주로 들었다. 그 시절의 겨울은 매섭게 추웠다. 찬바람이 세차게 불면 문풍지가 파르르 떨렸다. 얇은 창호지는 그렇게 떨면서 세 식구를 추위로부터 막아 주었다. 외할머니가 차려 준 조촐한 저녁 식사를 마친 뒤 외할아버지와 나는 화로를 앞에 놓고 마주 앉았다. 고즈넉한 시간, 희미한 불빛 아래에서 옛날 애기를 들었다. 나는 두 손을 턱에 괴고 외할아버지를 빤히 쳐다보았다. 외할아버지가 잔잔한 목소리로 이야기를 시작했다.

옛날에 서당 선생이 삼형제를 가르쳤겠다. 어느 날 서당 선생은 나란히 앉은 삼형제에게 장래희망을 물어봤겠다. 맏형이 대답하길 “저는 커서 정승이 되겠습니다”라고 하니, 서당 선생이 “그렇지. 사내대장부는 포부가 커야지”라고 응수하면서 흡족한 표정을 지었겠다. 이어서 둘째 형이 “저는 커서 장군이 되겠습니다”라고 하니, 서당 선생이 이번에도 흡족한 표정을 지으며 “아암, 그래야지. 사내대장부라면 큰 뜻을 품어야지”라고 했겠다. 그러고는 막내를 향해 “너는 커서 무엇이 되고 싶으냐?”라고 물었겠다. 막내는 잠시 생각하더니 “저는 장래희망은 그만두고 지금 여기에 개똥 세 개가 있으면 좋겠습니다”라고 했겠다. 뜻밖의 대답에 서당 선생이 “개똥 세 개? 그건 왜?”라고 물을 수밖에. 막내가 대답하길 “저보다 글 읽기를 싫어하는 맏형이 정승이 되겠다고 큰소리를 치니 그 입에 개똥 한 개를 넣어 주고 싶고, 또 저보다 겁이 많은 둘째 형이 장군이 되겠다고 큰소리를 치니 그 입에 개똥 한 개를 넣어 주고 싶고……", 여기까지 말한 막내가 우물쭈물하니, 서당 선생은 일그러진 표정으로 "그럼 마지막 한 개는?" 하며 버럭 소리를 질렀겠다.

외할아버지가 잠시 뜸을 들이시다 나에게 물었다.

"얘야, 막내가 뭐라고 했겠니?"

나는 주저 없이 "그거야 서당 선생 먹으라고 하지 않았겠어요?"라고 대답했다.

"그건 왜 그러냐?"

나는 또 서슴없이 "맏형과 둘째 형의 그 엉터리 같은 소리에 맞장구치며 좋아했으니까 그렇죠 뭐……"라고 대답했다.

외할아버지는 넌지시 나를 바라보면서 이렇게 말씀하셨다.

"그래 네 말이 맞다. 마지막 세 번째 개똥은 서당 선생이 먹어야 마땅하지. 그런데 말이다. 지금 내가 하는 말을 꼭 기억해 두어라. 앞으로 네가 살아가면서 세 번째 개똥이 서당 선생 몫이라는 말을 하지 못

하게 될 때, 그때엔 네가 그 세 번째 개똥을 먹어야 한다. 무슨 말인지 알겠느냐?"

"네, 할아버지. 잘 알겠어요."

나는 머뭇거리지 않고 큰 목소리로 대답했다.

진짜 전리품은 따로 있었다

집 밖으로 나가면 골목길에 동무들이 많았다. 나는 동무들과 어울려 시간 가는 줄 모르고 놀았다. 어떤 날은 저녁 식사 시간을 넘기면서 놀이에 열중하기도 했다. 그래서 걸핏하면 외할머니에게 야단맞았고 종종 종아리에 회초리로 매도 맞았다. 골목길에서 우리들은 자치기, 술래잡기, 말까기를 즐겼는데 나는 그중에서도 특히 구슬치기나 딱지치기를 즐겼다. 운이 나빠 구슬이나 딱지를 잃은 날은 울적했고 운이 좋아 딴 날은 신바람이 났다. 내가 울적한 날은 동무가 신바람 났고 내가 신바람 난 날은 동무가 울적했다. "내가 딴다"는 말은 본디 동무의 것이었던 게 내 것이 된다는 뜻이다.

아이들의 놀이였지만 거기에도 규칙이 있었다. '가위바위보'는 이 규칙의 오묘함을 알게 해 준 첫 번째 예였다. A가 B를 이기고 B가 C를 이기면 A는 당연히 C를 이겨야 한다. 그렇다면, 가위가 보를 이기고 보가 주먹을 이기므로 가위가 주먹을 이겨야 할 것 같은데 실제는 누구나 알고 있듯이 그 반대다. 가위바위보를 언제쯤 누가 시작했는지 알 수 없지만, 아무튼 가위, 바위, 보는 그렇게 공평했다.

아이들의 놀이 규칙도 아주 공평했다. 대개 상대방의 손안에 감춘 구슬이나 딱지가 홀수인지 짝수인지, 또는 셋으로 나눠서 하나, 둘 또는 셋이 남는지 알아맞히는 놀이였다. 지금 돌아봐도 흥미로운 점은 일제강점에서 벗어난 지 꽤 오랜 시간이 지났음에도 일, 이, 삼이나 하나, 둘, 셋이 아닌 이찌, 니, 산이라는 일본어를 사용했다는 사실이다.

하루는 수백 장이 넘는 딱지를 내게 모두 잃은 동무가 슬프게 울면서 집으로 돌아갔다. 그는 나보다 한 살이 많았고 체구도 컸다. 나는 한차례 그의 것을 모두 딴 다음에 백 장인가를 개평(내기에서 딴 몫 중 소량을 나누어 갖는 것)으로 주었는데 그걸 밑천 삼아 다시 놀이를 이어 갔고 그것마저 내가 다 따 버렸다. 그러자 그가 눈물을 보였던 것인데 그렇다고 다시 또 개평을 주지는 않았다. 그렇게 한 번쯤 개평을 주는 것이 규칙은 아니었지만 우리는 대부분 그렇게 했다. 개평을 아예 주지 않는 동무가 드물었듯이 억지 부리거나 속이거나 또는 위력으로 놀이의 법칙을 어기는 일도 드물었다. 그런 짓을 한 아이는 그다음부터는 놀이에 잘 안 붙여 주었기 때문이다. 그래도 놀이를 할 때, 또 따거나 잃을 때 동무들이 보이는 모습은 제각각이었다. 놀이에서 신바람 나게 이겨 손아귀에 다 잡히지 않을 만큼의 딱지나 양쪽 바지 주머니에 가득 채운 유리구슬을 외할머니 몰래 집으로 살금살금 갖고 들어와 전리품 상자 안에 보관할 때의 즐거움이란! 그런 어느 날이었나, 내게 하는 말씀인지 아니면 혼잣말인지 알 수 없는 외할아버지의 목소리가 귀에 들어왔다.

"사람은 겪어 봐야 알 수 있지. 특히 노름을 해 보면 잘 알 수 있지."

국민학교(지금의 초등학교)에 들어가기 전부터 동무들과 함께 부른 노래의 가사에는 이런 구절이 있었다.

"창경, 창경, 거지 떼들아! 깡통을 옆에 차고 혜화학교로!"

우리는 긴 막대기를 어깨에 걸치고 한 줄로 서서

얘들아~ 내가 가진 것들
다 나눠 줄게

총을 멘 병사들처럼 발맞춰 골목길을 행진했는데 그 때 박자에 맞춰 부른 노래의 하나였다. 그땐 거지가 참 많았다. 그들은 깡통을 들고 집집마다 다니며 먹을 것을 구걸했다. 골목길의 집들은 대부분 통행금지 시간이 아니면 대문을 열어 놓은 채로 살았다. 골목 아이들은 모두 근처 창경국민학교에 다니거나 다닐 예정이었다. 나도 창경국민학교에 들어가기 전부터 줄의 맨 뒤꽁무니에 붙어 노래를 불렀다. "창경, 창경 거지 떼들아! 깡통을 옆에 차고 혜화학교로!"

집 대문을 나서면 하늘과 닿은 낙산줄기가 보였다. 그 낙산 아래에는 휴전 후 부산 등지에서 살길을 찾아 서울로 올라온 피난민들이 천막촌을 이루고 있었다. 창경국민학교에는 그 동네 아이들을 비롯하여 가난한 아이들이 주로 다녔다. 그래도 골목길 아이들은 낙산 쪽 아이들에 비하면 집안 살림이 괜찮은 편이었다. 종종 고사떡을 이웃들에게 나눠 주기도 했던 골목길에선 구슬치기와 딱지치기 놀이에서 졸업하는 아이를 위한 시끌벅적한 행사가 열리기도 했다. 국민학교 6학년이 되거나 중학교에 입학할 즈음이면 보물 상자 안에 고이 간직했던 구슬과 딱지를 골목 아이들에게 나눠 주는 것이다. 남자동생이 있으면 당연히 그에게 물려주었지만, 혼자였던 나는 상자 가득했던 전리품을 골목 아이들에게 나눠 주었다. 마침내 보물 상자까지 어린 동무에게 넘겨주고 빈손이 되었을 때의 홀가분함이란! 짧은 순간이었지만 갑자기 몸이 날아갈 듯 가벼워진 느낌이 들었다. 놀이를 했을 때엔 내가 신바람 나면 동무가 울적했고 동무가 신바람 나면 내가 울적했는데, 이번에는 골목 아이들 모두 신바람이 났다. 잠시 남의 것을 내 것으로 만들려고 애태웠고, 잃었을 때 울적해 하고 땄을 때 신바람 났던 내 모습을 되돌아보며 보일 듯 말 듯, 살짝 미소를 짓기도 했던가.

아직은 "우리 삶에 돈이 중요하긴 하지만 '돈의 노예'가 되지 말고 '돈의 주인'이 되어야 한다"는 말을 알기 전의 일이었다.

개똥 세 개와의 싸움

어린 시절, 비유컨대 장조보다는 단조의 삶을 살았다. "사람은 어렸을 때 형성된다"는 말이 나에게 적용된다면 단조의 삶은 나이를 먹은 뒤에도 이어졌을 것이다. 외조부모님 밑이라도 혼자가 아니라 형이나 동생 또는 누이가 있었더라면 일상의 부딪힘 속에서 외향성이 어느 정도 형성되었을 수도 있었을지 모른다. 종종 어렸을 때 어떤 꿈이나 희망을 가졌느냐는 질문을 받는데 대답할 말이 별로 없다. 장래를 향해 두 팔 벌리고 꿈을 키워 나가고 야망을 품기에는 가슴이 너무 작고 여렸던 것일까? 어떤 이들은 "Boys, be ambitious!" 같은 말을 듣고 가슴이 뛰었다고 하는데 나는 그런 말에 별 감흥을 느끼지 못했다. 본디 소심하고 소극적인 성격도 작용했을 테지만, 장래희망이나 야망 같은 말을 들을 때마다 외할아버지 앞에서 큰소리를 쳤던 나 자신을 되돌아봐야 했던 탓도 있었다. 정승이나 장군이란 단어가 어른거렸다. '개똥 세 개' 이야기에 나오는 삼형제 중에서 나는 자연스럽게 막내의 자리에 있었다. 그렇다면 글 읽기를 싫어하는 만형보다 나는 글 읽기를 정말 즐기고 있나? 또 둘째 형보다 나는 겁이 없나? 이런 물음이 소리 없이 내 안에 버티고 있었다. 실제로 나는 글 읽기보다는 놀이를 훨씬 더 즐겼고 겁도 무척 많았다. 야망이나 미래의 꿈에 관한 얘기는 나에게 들어오지 않았던 게 아니라 들어오지 못했던 것이다.

외할아버지나 외할머니는 "공부를 열심히 해라"라는 말씀은 자주 하셨지만, 의사나 판검사, 변호사와 같은 특정 직업을 지칭하여 그런 직업인이 되라고 주문하진 않았다. 특히 외할아버지는 그런 구체적이거나 현실적인 전망에 관한 얘기보다는 "보잘것없는 미물도 허물을 벗어야 성장하거늘, 사람은 허물도 벗지 않고 나이만 먹으면 성장했다고 한다"와 같은 말씀을 하셨다. 학교에서 자연 시간에 벌레가 어떤 과정을 거쳐 성장하는지 그림과 함께 배울 때였다. 알에서 애벌레를 지나 성충이 되는데 그 변화가 참으로 신기

했다. 그렇다면 사람은 어떻게 성장하나? 정말 나이만 먹으면 어른이 되는 것일까? 사람에게 허물이란 무엇일까? 나는 어떻게 내 허물을 벗어 낼 수 있을까? 개똥을 먹지 않겠다고 큰소리를 쳤는데 바로 그 큰소리가 내가 끊임없이 벗어 내야 하는 허물이 되었다. 나는 셋째 개똥 이전에 첫째 개똥, 둘째 개똥을 먹지 않을 수 있는 자격을 나 자신에게 주기 어려웠다. 한마디로, 나는 개똥 세 개 모두에서 벗어나기 어려웠다. 그러니 내 삶을 줄여서 말한다면 '개똥 세 개와의 싸움'이었다고 말할 수 있겠다.

나는 언제나 책 읽기보다는 놀이를 좋아했다. 이 말이 나에게 지나치게 인색한 말이라면 이 정도로 바꿔 말할 수 있겠다. 나는 책 읽기를 좋아하기도 했지만 놀이를 훨씬 더 좋아했다. "독서는 사람을 풍요롭게 하고 글쓰기는 사람을 정교하게 한다"는 말은 나중에서야 알았지만 책 읽기의 중요성은 어린 시절부터 잘 알고 있었다. 다만 실행에 옮기는 게 무척 어려웠다.

그럼에도 나름대로 책과 벗하며 긴장을 유지하면서 살았다면 개똥 세 개가 지켜보고 있었기 때문이다.

공부란 내게 무엇인가? 이런 질문을 던지기도 했다. 공부를 잘해 일등을 하고 일등을 지켜서 좋은 대학에 가고 남부럽지 않은 직업을 가져 남부럽지 않게 살기 위한 길이 공부의 목적인지 물었다. 남보다 낫다는 평가를 얻으려고 노력하는 것, 그래서 사람들에게서 인정받으려고 노력하는 것, 그런 게 공부하는 이유이고 또 목적이라고 세상은 말하고 있었다. 세상은 남과 비교하고 비교당하는 끝없는 경쟁의 수레바퀴와 같았다. 불현듯 내 삶의 기준이 내가 아니라 남이 아닌가 하는 물음이 생겼다. 오로지 남과 비교하면서 경쟁할 것을 요구하는 수레바퀴 속에서 '남'보다 우월해야 하므로 내 삶의 기준이 내가 아니라 남이 된 것이다. 어제보다 더 성숙한 오늘의 나, 오늘보다 더 성숙한 내일의 나를 비교하도록 요구받지 않았다. 내가 남보다 낫다는 점을 확인하면서 만족해 하는 사람이 빠지기 쉬운 함정은 내가 속한 집단이 다른 집단보다 우위에 있다는 점을 확인하려는 데 있다. "나는 여자보다 우월한 남자다", "나는 동남아시아나 아프리카 사람들보다 잘사는 한국인이다" 등으로. 자기성숙의 모색을 하지 않는 사람일수록 자기가 속한 집단이 다른 집단에 비해 우월하다고 증명하려고 애쓰고 또 집착하는 경향이 강했다.

특히 세 번째 개똥. 안개를 헤치며 다가갈수록 세상은 만만치 않게 다가왔다. 본디 소심하고 내성적인 나는 주로 침묵함으로써 세 번째 개똥을 먹었다. 인간이 인간답게 산다는 게 얼마나 어려운 일인지 그렇게 개똥을 먹으며 조금씩 알아 가야 했다. 개똥 세 개. 그것은 내가 끝내 끝낼 수 없는 인생의 숙제로 남았고 앞으로도 남을 것이다. 나중에 저세상에서 외할아버지를 만나면 이렇게 말씀 드리려 한다.

"할아버지! 그래도 개똥을 적게 먹으려고 무척 애썼어요." □

개똥 세 개

1판 1쇄 발행일 2013년 7월 30일 | 1판 7쇄 발행일 2021년 12월 22일

글 강수돌 외 | 펴낸곳 (주)도서출판 북멘토 | 펴낸이 김태완

편집주간 이은아 | 편집 조정우 | 디자인 이승욱, 안상준 | 마케팅 최창호, 민지원

출판등록 제6-800호(2006. 6. 13.)

주소 03990 서울시 마포구 월드컵북로6길 69(연남동 567-11) IK빌딩 3층

전화 02-332-4885 팩스 02-6021-4885

bookmentorbooks_ _ bookmentorbooks bookmentorbooks@hanmail.net

ISBN 978-89-6319-088-4 43190